권종호

1971년 울산에서 태어났으며, 울산대학교를 졸업하였다.
현재는 국민건강보험공단에서 일을 하고 있다.

책
한
권
읽
으
면
서

초판 1쇄 발행 2023. 4. 24.

지은이 권종호
펴낸이 김병호
펴낸곳 주식회사 바른북스

편집진행 김주영
디자인 김민지

등록 2019년 4월 3일 제2019-000040호
주소 서울시 성동구 연무장5길 9-16, 301호 (성수동2가, 블루스톤타워)
대표전화 070-7857-9719 | **경영지원** 02-3409-9719 | **팩스** 070-7610-9820

•바른북스는 여러분의 다양한 아이디어와 원고 투고를 설레는 마음으로 기다리고 있습니다.

이메일 barunbooks21@naver.com | **원고투고** barunbooks21@naver.com
홈페이지 www.barunbooks.com | **공식 블로그** blog.naver.com/barunbooks7
공식 포스트 post.naver.com/barunbooks7 | **페이스북** facebook.com/barunbooks7

ⓒ 권종호, 2023
ISBN 979-11-92942-72-8 03370

While

reading

a book

책 한 권

읽으면서

저자 **권종호**

스마트폰에 감사하며 박수를 보낸다

바른북스

"스마트폰에 감사하며 박수를 보낸다"

난 운 좋게도 아내와 연년생으로 딸 하나, 아들 하나로 된 가족을 만들었다. 다행이다. 큰 불행 없이 소소한 행복으로 살아오고 있었지만, 아이들이 중학생이 되기 시작하면서, 부모 자식 사이를 순식간에 원수로 만든다는 요상한 문물, 스마트폰이 우리 가족에게도 힘든 상황을 만들기 시작했다. 그때 난 아이들에게 제안했다. '일주일에 책 한 권 읽기' 대신 그다음 주에는 스마트폰에 아무리 빠져 있어도 간섭하지 않기로, 대신 아빠도 똑같이 한 권의 책을 읽을 것, 아이들이 일주일 동안 책 한 권을 읽지 못한다면, 학교에서 돌아오자마자 스마트폰을 안방에 있는 상자에 넣고 집에서는 보지 않을 것, 아빠가 일주일 동안 책 한 권을 읽지 못한다면, 그다음 주 아빠는 아이들에게 스마트폰에 대해 말하지 않을 것, 책은 소설이든, 시집이든, 아니면 만화책이든, 책이면 될 것, 무조건 독서록을 한 줄이라도 작성할 것이 조건이다. 이건 핑곗거리다. 그냥 아빠가 마음을 편하게 내려놓을 완전한 핑곗거리. 협상은 완벽하게 타결되었고, 협상 이후 아이들과 난 경쟁적으로 일주일에 책 한 권을 읽었다. 그 약속을 지키려고 노력했다. 결국 고등학생이 되면서 흐지부지되었지만, 그것으로 난 그렇게 힘들고, 그렇게 어렵다는 아이들의 스마트폰과의 처참했던 전쟁을 넘길 수 있었다. 완패는 아니었다. 나에게는 정말 다행히도 독서가 습관이 되었고, 조금씩 독후감을 작성하는 버릇이 생겼다. 분명 아이들의 덕분이고, 더 큰 수훈은 스마트폰이라 생각한다. 너무 감사하다. 이렇게 작성한 독서록을 모아서 나의 버킷리스트 중 하나인 책 한 권 만들기를 지금 하고 있다.

"다행이다." 언제부터인지 모르겠지만 우리 가족이 집에서 이 말을 자주 하고 있다는 것을 알게 되었다. 아내도 내 말에 "다행이다."라고 말해주고, 나도 아이들이 무슨 말을 하면 "다행이다."라고 하고, 아이들도 다행이라고 말한다. 정말 다행이다.

몇 년 전부터 우리 가족은 새로운 약속을 실천하고 있다. 우리 가족 중 누구라도 어떤 집안일이든 하고 나서, "나 이것 했어요." 하면 박수를 쳐주자고. 다행이다. 너무 좋아하면서 박수를 쳐준다. 예를 들어, 엄마가 설거지를 끝내고, "나 설거지 다 했다."고 하거나, 내가 "음식쓰레기 버리고 왔어."라고 말하면, 우리는 각자가 하던 일을 멈추고 박수를 쳐준다. 다행이다. 다들 기뻐한다.

우리는 집 밖에서 누군가를 위해서 박수를 쳐주었지만, 집에서는 박수를 쳐주지 않아서 생각했던 약속인데, 박수를 치는 사람도 박수를 받는 사람도 즐거워하니 다행이다. 이런 사소할 것 같은, 이런 약속 같지 않은 약속을 우리 가족은 지켰고 지켜갈 것 같다. 다행이다. 정말 다행이다.

이렇게 책 한 권으로 만들 수 있어서 다행이지만, 사실 부끄럽다. 책을 읽다가 좋은 구절이 생각나면 적었던 독서록을 시간이 지나 다시 읽다 보면 그 책을 읽을 때 느꼈던 감정이 다시 살아나는데, 이렇게 그 느낌의 독후감을 책으로 만들다 보니 이것만으로 좋았다.

그리고 너무나 감사한다. 묵묵히 내 원고를 읽고 힘을 실어준 아내와 나에게 언제나 힘이 되어준 딸, 아들, 그리고 나의 별거 아닌 것에도 지지해 준 친구들과 동료들에게.

2023년 1월 다행히 따뜻한 날

권종호

목차

스마트폰에 감사하며 박수를 보낸다

While reading a book

우리는 패배한 것이 아니라 평범한 거요

『송곳』 / 최규석

현실에 굴복하지 못하는 주인공 이수인과 냉철한 조직가 구고신이 노동조합을 결성하는 과정을 그린 작품으로 외국계 대형 마트에서 벌어지는 부당해고와 그에 대항하는 평범한 사람들의 이야기를 그려내고 있다. 실제는 평범했던 사람들이 평범하지 않은 사람들로 변한다. 주인공의 말속에서 가슴을 울리는 말들, "사람들은 대부분 그래도 되는 상황에서는 그렇게 되는 거요."라든지, "서는 데가 바뀌면 풍경이 달라지는 거야."라고 하는 말들이 다시금 귓가에서 울리는 듯하다. 예전에 내가 입사해서 가입한 노동조합에서 노동3권에 대한 부당함을 느꼈던, 그래서 결국에는 80여 일의 파업과 업무복귀 그리고 나의 결혼식 모든 것을 생각나게 하는 내용이다. 다시 그때로 돌아가기 싫다. 타임머신이 발명된다면 그때로 돌아가지 못하도록 다 부숴버릴 테다. 너무나 즐거운 부분도 있지만, 너무나 힘들었던 시절이라. 좋은 부분만 기억하고 싶다. 이제는 웃으면서 말이다.

예전에 들었던 특강에서 강사의 이름은 생각나지 않는데 그 내용은 나에게만은 감동으로 들렸다. 강의내용 중에 기억나는 부분으로 "사람들은 대부분 노동자로 살아간다. 정말 쪼그마한 김밥집이라도 자기 명의로 가게를 열면 사장이지만, 그렇지 않은 대부분의 사람들은 어느 가게, 공장 또는 사무실에서 종사하는 노동자다. 그런데 그중 한 명에게 완장을 채워주면 자기가 사장인 줄 착각하고 직장동료이자 같은 노동자인 동료를 더 잡는다." 『송곳』 2권을 읽으면서 이 책의 무대인 마트도 부장과 과장이라는 완장을 채워주니 자기의 직장동료로 보지 않고 권력을 휘둘러 함부로 할 수 있다고 생각하고 행동하는 모습을 보면서 씁쓸한 현실을 느낀다.

그리고 그 강사는 "우리나라에서는 소위 특권층이라 불리는 잘사는 사람들은 현재도 물론 잘살고 있지만, 미래에도 잘살기 위해서 일반 국민에게 노동권에 대해 교육하지 못하게 한다. 유럽 등 많은 선진국들은 학교에서 의무교육 시간으로 정하여 노동3권에 대한 정규과목을 두고, 교육을 실시하고 실제 사측과 노측으로 나누어 교섭을 실습하는 등 실질적으로 신성한 노동권을 교육시키고 있어 불법적으로 노동착취를 하거나, 불법해고 및 부당노동행위 등이 일어나지 않도록 사용자가 스스로 조심하고 정부가 지켜주고 있다. 그러나 우리나라는 이러한 정규교육도 없다. 아직도 우리 국민들은 이런 신성한 노동권에 대한 교육을 받지 못하여 지식도 부족하다. 그래서 노동자가 아니라 노예처럼 생활하여도 모른다.”이 책에서는 프랑스에서 온 관리자가 우리나라에서는 그렇게 해도 문제없다고 한다. 슬프다.

“우리는 패배한 것이 아니라 평범한 거요. 우리의 국가는 평범함을 벌주기 위해 존재하는 게 아니오! 우리는 벌 받기 위해 사는 게 아니란 말이오!”주인공 구고신은 이렇게 말한다. “일등한테 상 주는 걸 누가 뭐라 그래요? 일등 못하면 벌을 주니까 문제지.” 그렇다. 지금의 현실에는 모두가 공동의 사회를 같이 사는 노동자로 잘한 사람에게는 상을 줄 수 있다. 그렇지만 일등이 아니라고 벌을 주면 안 된다. 언젠가 딸이 학교에서 돌아오면서 캘리그라피 작품을 만들어 온 적이 있다. 그 작품의 내용은 이렇다. “평범하느라 고생했다.” 가슴의 울림으로 눈시울이 뜨거워진다.

노동조합에서는 사무장으로 활동하면서도 현실에서는 너무나 외로운 이과장의 가정이 처음으로 나온다. 육아 전쟁이라는 현재의 실상을 제대로 보여주는 듯 보인다. 나의 전쟁 같은 시간, 웃음과 울음으로 지나온 시간, 연년생의 딸과 아들의 자라는 얼굴이 한순간 눈앞을 휘리릭 지나간다. 그리고 결심한 파업의 시작쯤… 그쯤은 이길 수도 질 수도 없는 육아 전쟁과 같은 느낌의 맘으로 고구신이 하는 말이 선명하다. “한 방 세게 맞고 실려 나가고 싶죠? 싸움도 싫지만 도망치기는 더 싫잖아. 도망치면 내가 틀린 게 되니까. 아니, 걔들이 옳은 게 돼버리니까.”그걸 아니까 이미 알고 있으니까 그 심정 너무 슬프다. 자신에게 나름 친밀하게 말하던 부장에게 예전에 구고신이 했던 방식으로 확실히 선을 긋는다. "해야 하고, 해도 되면, 하는 거요." 미안하다고 해서 없어지는 행동이 아니다. 모든 게 그렇다.

드디어 한국푸르미의 파업이 시작되고, 사무장인 이수인이 기자와 인터뷰하면서 이렇게 말한다. "차마 넘기 싫은 선 앞에 서기 전에 시스템이 작동하지 않으면 사람끼리 상처를 주고받게 돼요. 제때 호루라기를 불어줄 심판이 필요해요. 더 많은 아군이 아니라…." 맞는 말이다. 이제까지 법과 규정과 원칙은 있는데 호루라기를 제때에 불어주는 선량한 심판이 없었다. 누구나 편파판정을 당하기 싫어하면서 자기편이 되어주길 원한다. 구고신이 그랬고, 이수인이 그랬듯이 '해야 하고, 해도 되면', 대부분의 우리는 했던 거였다. 그것에 대한 정확한 판정이 작동하고 있는지를 따지지도 않고, 그쪽에 내가 있어서 옳았던 건 아닌지. 이 책에서 우리는 여러 가지 일상과 만난다. 일상으로 복귀의 달콤함. 그리고 텅 비어 있는 책상을 보며 "이걸 일상이라고 부를 수 있나." 하고 자문하기도 한다. 과연 우리의 일상은 어떤가. 정말 평범한 일상은 합리적이고 정의로워야 하지 않을까. 마지막 장면에 이수인이 말한다. "아 그거요? 노동조합 일상활동입니다."

2020. 3. 16.

내 삶이
나를 응원한다

『나에게 고맙다』 / 전승환

부제 '가장 흔한 말, 정작 나에게 하지 못한 인사'가 너무나 나를 이끌어 책을 읽게 되었다. 지금까지 남에게 감사하다, 고맙다고 했었고, 나에게 고맙다고 나 스스로에게 한 적이 없었는데 나에게 고맙다는 그 말에 눈시울이 붉어지는 듯하다. 지금까지 살아오면서 우연히 또는 운이 좋아서 잘 되었던 일도 있지만, 아무리 노력해도 안 되는 일도 있었는데 특히 나에겐 승진이라는 것이 그렇다. 나름 노력했는데 매번 탈락의 고배를 마셔야 했다. 너무나 낙심해 있는 나에게 누군가가 이렇게 말해주었다. 사람은 누구나 여러 가지 능력이 있는데, 승진시험은 기억력만을 기준으로 하는 것이다. 자네는 시험에 대한 기억력의 능력은 합격자보다는 떨어지지만 일 처리하는 능력이나, 사람들과 상담하여 이해시키는 능력, 회의 때 진행하는 능력 등 누구보다 뛰어나다고. 참 위안되는 말이었다. 작가는 말한다. "가장 사랑해야 할 사람은 나입니다. 나를 가장 아껴야 할 사람도 나입니다. 이제껏 잘 버텨준, 잘 살아준, 잘 이겨낸, 있는 그대로의 나에게 다시 한 번 말해주세요. 나에게 고맙다. 나에게 고맙다. 나에게 고맙다." 그리고 내게 "내 삶이 나를 응원한다."고 이 책은 말한다.

2020. 3. 13.

우리는 인간이 못되더라도
괴물은 되지 않아야 한다

『분신』 / 히가시노 게이고

　　처음 책 두께를 보고는 질렸다. 그러나 작가가 일본 추리소설의 대가로 알려져 있는 작가라 일단 믿고 보자는 생각으로 이 책을 선택했다. 분신이라는 제목에서 분신술과 관련된 것으로 보였으나, 내용을 읽어나갈수록 이 세상에는 나와 정말 닮은 아니 똑같은 사람이 어디에선가 살고 있지 않을까 하는 생각을 하게 되었다. 어릴 때 한 번씩 생각한 출생의 비밀, 나도 있지 않을까? 하고 생각한 적이 있었다. 그러다 바쁜 일상에서 그러한 생각들은 잊어버리고 하루하루 새로운 삶으로 한 걸음 나갔던 것 같다. 클론에 대해 생각하게 되는 소설이다. 내가 클론이라면 나는 어떤 느낌일까? 그리고 나의 기원을 위해 클론인 난 기꺼이 희생

할 수 있을까? 인격은 살아 있는 사람이라면 누구나 동등하게 가져야 하는 것은 아닌가. 물론 생명이라면 사람이든 동물이든 다 존중해야 하지 않을까? 누군가가 누군가를 클론이라 말한다고 하여도 그것만으로 사람이 아니라고 말할 수 없다. 우리는 인간이 못되더라도 괴물은 되지 않아야 한다.

2020. 3. 23.

후회라는 말은
말이지

『무한동력』/ 주호민

    이 책은 주인공인 대학생 장선재와 그가 묵는 하숙집의 주변인 진기한, 김솔, 그리고 하숙집 주인 한원식, 그리고 딸 한수자와 아들 한수동의 이야기이다. 주인공 장선재는 취업 최일선에서 악전고투를 하는데 자기가 가고자 하는 금융권이 자기가 진짜 하고 싶은 것인지 아니면 환경이 그래서였는지 모를 정도로 의문스럽기도 하다. 결국 하숙집 주인인 한원식이 말하는 것을 듣는다. "어떤 직업을 갖는 거… 그게 꿈일 수는 없지 않은가….", "지금 자네에게 필요한 건 밥이 아니야. 죽기 직전에 못 먹은 밥이 생각나겠는가, 아니면 못 이룬 꿈이 생각나겠는가?" 망치로 머리를 한 대 세게 맞는 느낌이랄까. 멍했다. 나의 꿈은 정말 무엇이었나. 그리고 지금 과연 그 꿈을 향하고 있는 걸까. 내가 지금 치열하게 살아가는 이 순간에도 사실은 내가 꿈꾸고 있던 꿈을 향해 한 걸음 그리고 또 한 걸음 조금씩이라도 나가고 있는 거라고 생각하기로 했다.

이 책의 제목인 『무한동력』은 하숙집 주인 한원식이 젊은 시절부터 지금까지 만들고 있는 꿈인 무한동력장치에서 나온 듯하나 실제는 우리가 살아가는 원동력이 무한동력으로 표현되고 있는 게 아닌가 하고 느껴진다. 그렇게 생각해 보면 한원식은 지금도 꿈을 향해서 한 걸음 나아가고 있는 것이다. 무한동력장치를 만드는 목적이나 이유가 모든 국민이 비싼 석유를 쓰지 않도록 하겠다는 원대한 꿈을 꾸고 그것을 실천해서 만들기 시작했다는 것이 더 멋지다는 생각이 들었다. 어렵게 살림을 살아가는 수자와 아들 한수동의 성장통도 가슴이 짠하게 다가오고, 부모님의 부도 때문에 하던 공부도 접고 일해서 부채를 다 갚는 솔이, 그리고 동물을 싫어하면서 수의사 전공의 대학을 가서 휴학하고 공무원 시험공부로 시간을 허비하다 재능을 다시 찾아 수의사의 길을 가는 진기한, 모든 주변인이 다 주인공이었다. 누구도 쉽게 조연으로 보이지 않고 모두가 주인공처럼 보이는 것은 주변에서 보아왔고, 나도 겪은 일들이라 그렇게 느꼈다. 대학생 장선재는 섣불리 결정했다가 나중에 후회하기 싫다고 말하자, 포장마차 사장이 말한다. "후회라는 말은 말이지…. 뭔가 해보고 난 다음에나 쓸 수 있는 말이야! 왜 해보지도 않고 후회할 걱정부터 하고 있나?" 나도 지금까지 그렇게 섣부른 결정을 해서 미리 포기한 일이 많은 듯하다. 또 동원훈련에서 장선새가 게임을 좋아해서 게임회사에 취업한 동기에게 "좋아하는 일 하면서 돈 벌잖아." 하니 동기가 하는 말도 좋았다. "좋아하는 게 일이 되어버리면 그렇지만도 않은데…. 내가 만들고 싶은 게임을 만들면 좋아하는 일이 되는 거지. 그렇지 않으면 그걸 좋아하기 위해 계속 노력이란 걸 해야 되니깐…." 그런 시간들이 너무 아깝다는 생각을 하게 된다. 내 남은 인생을 위해서 나는 조금 더 즐겨야겠다.

2020. 3. 25.

책 한 권 읽으면서

While reading a book

본전 생각

『사람 사는 이야기』 / 최규석 등

　　다큐멘터리 만화라는 이 책은 내가 처음 접해보는 책이었다. 이 책을 소개하는 말에 마음이 빼앗겼다. '다큐멘터리 만화는 역사의 가장 절실한 순간을 찾아간다. 오늘 우리에게 벌어지는 일이건, 아니면 과거에 벌어진 일이건 간에 영상보다 더 본질적으로 진지하게 내용의 힘을 담아낼 수 있다. 그리 많지 않은 다큐멘터리 만화들이 우리에게 큰 감동을 주는 이유이다.' 처음 소개되는 이야기는 「24일 차」라는 제목의 이야기이다. 기껏해야 노동조합장을 선출하는 자리에 조합원들이 선거 끝나면 어차피 얻어먹을 거 없으니까 유세기간에 술을 뺏어 먹으려 할 때 후보자가 말한다. "동지 여러분 선거 때 일주일만 대접받겠습니까. 아니면 3

년 동안 대접받겠습니까. 제가 이기 돈 내고 나면 당선이 돼도 본전 생각나지 않겠습니까?" 하고 말이다. 현재 우리는 국회의원 선거를 앞두고 있다. 그런데 난 선거 때도 대접받지 못하고 선거가 끝나도 대접받지 못하는 기분은 무얼까? 생각이 많아진다.

2020. 3. 30.

책 한 권 읽으면서

반사할 것은
과감하게 반사하여야 한다

『일상, 다 반사』 / 키크니

　이 책은 시종일관 유쾌하게 읽었던 책이었다. '유쾌하
다.'라는 말을 사전에 찾아보면 '즐겁고 상쾌하다.'라고 한다. 사
실 책 내용은 슬프면서 웃긴 것이 많은데, 그래서 따지고 보면 즐
겁고 상쾌하지 않은데도 나는 유쾌하다는 표현이 너무나 잘 어울
리게 느껴진다. 책 소개도 재미있다. '자신만의 일상을 일구는 사
람이라면 누구나 공감할 이야기', '그저 그런 일러스트레이터인
저, 키크니의 소소한 일상을 엿봐주세요. 그 안에서 일상의 버거
움이나 무료함을 반사할 힘을 얻는다면 더 큰 영광은 없을 것 같
습니다.' 나도 반사하면서 살고 있을까? 반사할 것은 과감하게 반
사하여야 한다. 내용 중에서 추억 상자라는 부분이 있는데 가슴

이 짠한 부분이 있어 유독 기억에 남는다. 추억을 간직한 중학교가 폐교 수순을 밟고 있다고 전해 들은 작가가 말한다. "그 알 수 없는 저릿함은 아마 추억을 넣은 상자가 없어짐에 따라 혹시 추억도 흩어지지 않을까 하는 걱정 때문이겠지?" 나의 추억의 상자도 내 의식에서 조금씩 흩어지고 있겠지.

2020. 4. 1.

남이 소중히 여기는 걸
우습게 보지 마라

『서브머린』 / 이사카 고타로

    이 책은 작가 이사카 고타로가 청소년 범죄를 다루고 있는 책으로 예전 작품인 『칠드런』의 속편이라고 한다. 사실 『칠드런』이라는 책은 아직 읽어보지 못했는데, 어떨까 하고 의문을 가지고 읽었으나 책을 읽으면서 어려운 문제를 참 재미있게 풀어가는 진행에서 역시 이사카 고타로 특유의 유머로 잘 표현했구나 하고 감탄을 금할 수 없었다. 주인공 진나이 씨의 거칠고 직설적인 표현이 너무나 부럽게 느껴졌다. 직설적이지만 확실하게 표현하는 말들이 어쩌면 남들에 대한 배려가 없어 보이더라도 이 표현 또한 남을 배려한 확실한 의사전달이 아닐까 싶다. "너희가 유일하게 기억해 둬야 할 건 남이 소중히 여기는 걸 우습게 보지 마

라. 나쁜 놈들은 그런 소중한 것들을 노린다."라고 하면서 그 사람이 누군가에게 피해를 주었으면 몰라도, 그게 아니라면 그가 소중히 여기는 걸 비웃지는 말라고 말한다. 또 읽고 났을 때 고개를 숙이기보다는 고개를 들어 앞을 바라볼 수 있는 소설을 쓰고 싶다고 작가는 말한다. 물론 나도 그 말에 동의한다.

2020. 4. 4.

꿈과 재능
그리고 질투

『뻐꾸기 알은 누구의 것인가』 / 히가시노 게이고

　　꿈과 재능이 다르다면 어떨까. 과연 나는 재능을 버리고 꿈을 쫓아갈 것인가? 히가시노 게이고의 소설 중 내용이 조금은 특이하다 싶은 주제를 가지고 시작하는 책이다. 이 작가는 일본 추리소설의 대가로 알려져 있는데 이번에는 주인공보다는 주변인이라고 할 수 있는 일반인이 사건을 추리하고 실마리를 찾아가는 방식으로, 어려운 주제를 누구나 공감할 수 있는 방식으로 풀어내고 있다. 이 소설 내용이 꿈과 재능에 대한 이야기로 어떤 사람은 재능이 있으나 꿈은 다른 방향이라 고민과 갈등을 하고 어떤 사람은 자기가 하고 싶은 것을 하고 있는데 재능도 있는 아주 부러운 사람으로 구분되어 소개된다. 난 개인적으로 둘 다 부럽다. 고백하건대 난 아직 내가 가진 재능을 알지 못한다. 그러나 내가 무엇이 재능에 맞지 않는지는 하나씩 세월이 지나면서 알게 되었다. 지금이라도 내가 가진 재능을 알게 되면 난 지금이라도 그 재능을 살리고 싶다. 그 재능을 살리면서 꿈도 시도해 보는 그런 사람이 되고 싶다. 욕심이라도 좋다.

2020. 4. 9.

책 한 권 읽으면서

특별한 이유 없이
행복할 수도 있는 거 아니에요?

『평범히 살고 싶어 열심히 살고 있다』 / 최대호

"

　제목에서 읽어보고 싶은 마음이 생겨 선택하게 된 책
이다. 평범히 사는 것이 얼마나 어려운가를 현실에 빗대어 하는
말이 너무나도 가슴에 와 닿았다. 평범하게 살기 위해 나 자신은
다른 사람들에게 어떻게 보여야 하고 또한 어떻게 대하여야 할
지 열심히 고민하고 살고 있는 나에게 토닥여 주고 싶다. 모든 사
람에게 사랑받으려는 건 욕심이라는 말과 다른 사람 신경 쓰느라
애쓰지 말고, 당신 자신에게도 곁을 좀 내주라는 말에 눈길이 가
면서 지금까지 앞만 보고 열심히도 산 나에게 그럼에도 그렇게
빗나가지 않고 살아온 나에게 기특하다고 칭찬 한번 마음으로 했
다. 「생각 바꾸기」라는 부분에서 "특별한 이유 없이 우울하다면

특별한 이유 없이 행복할 수도 있는 거 아니에요?"라고 한다. 나도 지금껏 뭔가 특별했어야 행복하다고 느끼고 있었나 싶다. 마지막으로 가슴에 남는 말이 있다. 할 수 있다고 말한다고 모두 다 할 수 있는 건 아니지만, 할 수 없다고 생각해 버리는 순간 절대로 할 수 없게 된다는 말이다.

2020. 4. 16.

책 한 권 읽으면서

살아 있는 것과
살아가는 것의 차이

『시간을 파는 상점』/ 김선영

　예전에 본 영화 중에 시간을 돈처럼 사고팔면서 시간
이 다 떨어지면 죽는 것으로 시간이 얼마나 중요하며, 시간이 부
와 가난을 결정하는 'In Time'이라는 영화가 있었다. 이 책에서도
과연 시간을 사기도 팔기도 하는 매체가 될 수 있을까? 라는 생
각이 들어 있다. 1권을 읽을 때는 나는 사실 새롭다는 생각으로
읽었는데, 2권은 시간을 공유하는, 아니면 필요한 사람에게 좀 더
쓰여질 수 있도록 하자는 의도는 좋았으나, 학교에서 해고된 학
교지킴이 아저씨를 복직시키기 위해서 아이들이 시위를 시작하
고 졸업생과 학부형이 참가하여 여론을 만들어 복직시키게 되는
내용은 진부하다는 생각이 들었다. 그러나 시간이라는 매체를 서

로에게 도움이 되도록 상장하고, 저장하고, 또 사용할 수 있다는 발상은 참 좋은 생각으로 바라봤다. 아파서 누워 있는 '숲속의 비단'의 아버지가 말한 살아 있는 것과 살아가는 것의 차이는, 나의 삶을 어떻게 나아가야 할지 생각하게 해주는 말이다.

2020. 4. 27.

모든 물건이나 상황에는
하나씩 숨겨진 의미가
담겨 있지 않을까?

『모던 타임스』 / 이사카 고타로

　　모든 사건은 '검색'에서 시작되었고, 거대한 시스템에
우리는 하나의 부품으로 생활하고 있고, 우리가 하는 일은 어떠
한 영향을 끼치고 어떤 결과물을 만들어 내고 있는지 아무도 모
르는 현대인을 말하는 내용의 책으로, 이 책의 전작인 『마왕』과
연결되어 있다. 『마왕』이라는 책은 저자가 만든 소설들과는 다르
게 내용에서 그 깊이가 느껴졌던 책으로 나는 기억하고 있다. 이
책에서는 그 연장선이 느껴졌고, 좀 더 블랙유머가 가미된 느낌
이었다. 소설 속에 또 다른 소설이 있어 특별했고, 그 가상의 시
스템에 전율을 느꼈고, 이런 장편의 대작을 만들어 내는 작가의
상상력이 무섭게 느껴졌다. 주인공의 친구인 소설작가의 이름을

자기 자신의 본명으로 했다는데 나도 모르는 미소를 짓게 하였고 소설 곳곳에 일부러 아는 사람의 이름을 가미한 것이 인상적이었다. '모든 물건이나 상황에는 하나씩 숨겨진 의미가 담겨 있지 않을까?' 하는 상상도 하게 만든다. 기습적인 시험은 칠 수 없다는 작가의 생각도 나름 설득력이 있다고 난 생각했다.

2020. 5. 1.

책 한 권 읽으면서

기다려야만 할 때는
반드시 기다려야 한다

『태엽 감는 새 연대기』 / 무라카미 하루키

      화자이자 주인공 오카다 토오루는 직장인 법률사무소에서 최근 퇴직하여 집에서 가사일을 하게 되고, 아내가 직장을 나가는 생활을 하게 되면서 이야기는 시작된다. 누군지 모르는 여자에게 음란전화를 받기도 하고, 오랫동안 같이 지내던 고양이가 없어지고, 고양이를 찾다가 16살 여자 이웃을 만나서 가발 회사의 아르바이트를 하고, 기묘한 자매를 만나고, 예전부터 점을 쳐주던 사람인 혼다가 죽으면서 유품으로 남긴 빈 상자를 받기도 하는 내용이다. 전체적으로 우중충한 분위기의 내용이었다. 중간에 유품을 전달하러 온 마미야 중위가 전쟁 중에 살아남게 된 이야기를 들려주는데, 마미야 중위가 집에 돌아갈 차의 출발 시간에 쫓겨 이야기를 중단하자 주인공 오카다가 하는 말에 갑자기 웃음이 나왔다. "얘기를 그런 데서 끝내시면 안 되죠. 그다음에 어떻게 되었나요? 저는 그다음 얘기도 듣고 싶습니다." 그래서 이야기를 다 듣기 위해 정류장까지 같이 걸어가는 모습에 웃음이 저절로 나왔다.

　주인공 오카다 토오루의 아내는 집을 나간 상태에서 연락은 안 되고 그녀의 오빠가 찾아와 이혼하라고 강요한다. 그러나 주인공은 결혼하기 전 아내와 진지한 대화를 하여 결혼에 이르렀으니 이혼을 할 때도 서로 대화를 하고 생각이 같으면 이혼을 할 수 있다고 생각하고 그녀를 일단 기다려야 한다고 판단하게 된다. 그러는 사이 옆집의 마른 우물에 들어가 생각하기도 하고, 기묘한 꿈을 꾸기도 한다. 옆집 소녀에게 사다리를 빼앗겨 삼일을 우물 속에 있으면서 두려움도 느끼며 새로운 자신을 발견한다. 소설의 내용 중에는 한 번 더 눈길이 가는 문구가 있어서 좋았다. "세상에는 모르는 편이 좋은 일도 있는 법입니다."라고 말하던 마미야 중위의 말도, 우물에서 나온 태엽 감는 새 아저씨가 옆집 소녀에게 "만약 정말 아슬아슬한 선까지 갔다면 너 혹시 끝까지 가고 싶어지지 않았을까. 그건 네 생각보다 훨씬 더 간단한 일일 수 있었어." 하는 말, "기다려야만 할 때는 반드시 기다려야 한다."의 혼다의 말까지도.

　이 책을 읽는 내내 글 읽기가 어려웠다. 내가 아는 작가 무라카미 하루키는 사실적으로 묘사하는 것보다 메타포, 은유적으로 서술하는 경우가 많고, 이야기 속에 이야기를 넣는 경우가 많고, 침

울한 분위기를 연출할 경우가 대부분이다. 이번의 경우는 참혹한 장면에서 에로틱한 장면까지 넘나들었다. 그래서 전체를 쫓아가려고 열심히 한 장씩 주의 깊게 읽었다. 주인공 오카다 토오루는 정말 집념의 사람이다. 나라면 분명 그렇게 집요하게 행동하지 못했을 것이다. 결국 오카다 토오루는 무서운 '어떤 것'으로부터 아내를 지켜내었다. "한 인간이 누군가를 증오할 때, 어떤 증오가 가장 강력할 거라 생각합니까? 그건 말이죠, 자신이 절박하게 원하는데도 손에 넣을 수 없는 걸, 아무 고생 없이 휙 낚아채는 인간을 볼 때입니다. … 그것도 상대가 가까이 있으면 가까이 있을수록 증오가 커지죠." 이 책을 읽으면서 피부에 소름이 끼치도록 무언가를 느낀 문장이었다. 누가 봐도 정이 안 가는 우시카와가 말했다는 것이 더 와 닿았다.

2020. 6. 2.

애초에 어른이 폼 나면
애들도 삐뚤어지지 않아

『칠드런』 / 이사카 고타로

주인공으로 보이는 진나이와 눈이 안 보이는 나가세의 은행강도 이야기, 세월이 흘러 진나이가 가정법원 소년조사관이 되어 직장동료의 조사내용을 말하는 이야기, 다시 세월은 진나이가 조사관이 되기 위해 시험공부를 하고 있는 시절의 협박범 이야기, 다시 소년조사관으로 돌아가 직장동료의 이혼소송 대상자와 자신의 조사 대상 소년이 동일사건으로 이어진 이야기, 그리고 다시 시험공부하면서 아르바이트하던 시절의 진나이 이야기로 구성되어 있다. 소설의 구성에서 시간이 앞과 뒤가 혼용되어 있어서 더 재미있었다고 생각되었다. 엉뚱한 행동을 하던 진나이가 가끔 던지는 말들이 아무것도 아닌 것처럼 보이더라도 나중에 꼭 그 가치를 하는 것도 재밌다. 진나이는 눈이 보이지 않은 나가세를 특별한 장애인으로 보지 않고 평범한 보통의 사람으로 대하는 정말 가식 없는 사람이라 좋았다. 진나이가 하는 이 말에 나는 동의한다. "애초에 어른이 폼 나면 애들도 삐뚤어지지 않아."

2020. 6. 10.

우리는 시간을
낭비하지 않으려다
인생을 허비하고 있는 건 아닌지

『틈만 나면 딴생각』 / 정철

　　먼저 정철이라는 작가에 관심이 생겼고, 그다음으로 책 이름에 관심이 가서 선택한 책이다. 책 이름처럼 어쩌면 나도 틈만 나면 딴생각이 든다. 역시 카피라이터라 글자에서 문장에서 그 느끼는 맛이 다르다. 하나를 보면 하나만이라도 생각하면 잘한 것이라 생각되는데, 이 책에서는 하나를 보면서 열 가지를 생각하게 만든다. 그래서 책 내용은 작지만 읽는 속도는 그렇게 빠르지 않았다. 한 줄 한 줄을 음미하듯이 읽었다. "세상의 모든 실패엔 다음이 있지."라는 말도, 가로등에게 낮에는 무슨 일을 하는지 묻는 말에 "준비한다."라는 말도 가슴에 남는다. 그리고 "우리는 인생이 준 시간 대부분을 기다림에 소비하지 그러나 그것을 낭비라고 말하는 사람이 없어."라는 말도 가슴에 한 줄 남는다. 나도 가끔은 생각해 본다.

우리는 시간을 낭비하지 않으려다 인생을 허비하고 있는 건 아닌지 모르겠다.

2020. 6. 22.

어떤 사람이든
이 세상에 태어난 이유가 있다

『녹나무의 파수꾼』 / 히가시노 게이고

　　이 책의 옮긴이는 말한다. 이 책은 한국, 일본, 중국, 대만 등에서 동시에 출간한다는 프로젝트에 따라 작업이 진행되었다고, 이제 막 작자의 펜 끝에서 떨어진 원고가 현지 출판사와 번역자에게 따끈따끈한 상태로 날아왔다고. 그 느낌은 정말 떨림 그 자체였을 거라고 상상되어진다. 평소 탐정소설이나 추리소설을 주로 펴온 작가의 이력으로써 이번 책은 완전히 다른 영역의 소설이 아닐까 생각한다. 이 책의 주인공인 녹나무는 높이가 20미터에 기둥 둘레가 5미터 정도 되는 거목으로 이 거목의 옆구리에는 거대한 구멍이 나 있어 사람이 들어가 기념을 드리는 곳이 있다. 그러나 책의 중반이 지나도 기념에 대해서 작가는 철저하게 알려주지 않는다. 결국 불륜으로 오해한 딸이 아버지가 기념하러 오는 것을 미행하고 결국 도청하면서 기념에 대해 알려준다. 『나미야 잡화점의 기적』처럼 훈훈하고 따뜻한 느낌을 전달해주는 내용이다. 어떤 사람이든 이 세상에 태어난 이유가 있다는 말에 제일 기억에 남는다.

2020. 6. 29.

우리는 밤길을 걸을 수밖에 없어. 설사 주위가 낮처럼 밝다 해도

『환야』 / 히가시노 게이고

　　남자주인공 마사야와 여자주인공 미후유는 대지진으로 각각 부모님과 지인을 잃는 동시에 둘만의 비밀도 덮으면서 새로운 출발을 위해 도쿄로 간다. 그리고 미후유를 위해서는 어떤 일도 마다하지 않고 주로 어두운 쪽의 세상에 사는 마사야와 그런 마사야를 이용하여 화려하고 밝은 쪽의 세상에 사는 미후유가 조금씩 세력을 확장해 나간다. 이 책을 읽는 동안 이 책의 저자인 히가시노 게이고의 다른 소설인 『백야행』이 생각났다. 『백야행』에서도 남자주인공과 여자주인공은 어두운 쪽과 밝은 쪽을 각각 나누어 이 책과 같은 내용으로 전개되어진다. 그래서 『환야』를 읽으면서 새롭지가 않았다. 다만 『백야행』의 여주인공보다

여주인공인 미후유가 더 완벽한 악녀로 표현되어지도록 '최선을 다했구나.' 하고 느껴졌다.

다른 사람이 신카이 미후유로 신분을 속였다는 사실을 알게 된 마사야는 극심한 분노를 느낀다. "우리는 밤길을 걸을 수밖에 없어. 설사 주위가 낮처럼 밝다 해도 그건 진짜 낮이 아니야. 그런 건 이제 단념해야 해." 언젠가 마사야에게 했던 말이 생각났지만, 가짜인 미후유는 두 사람의 행복이라는 가면으로 자신의 눈을 가리고, 마사야 자기만 희생시켜 어둠의 길을 걷게 하고, 진작 미후유는 화려한 길을 걷고 있다는 것을 알게 된다. 그러면서 대지진에서 마사야가 도시로를 살해할 때, 이미 미후유의 신분으로 변신할 계획이 세워졌고, 소가를 죽이게 했을 때 마사야의 영혼은 그녀에게서 죽임을 당했다고 생각한다. 결국 자신을 검거하려는 경찰 가토와 마사야는 함께 동시에 죽게 되면서 이 소설은 끝난다. 개인적으로 이런 결말을 너무 싫어한다. 혹시 마지막까지 잘 내용을 전개하다가 작가 자신도 모든 게 싫어져서 그렇게 결말을 지었는지, 난 정말 의심하지 않을 수 없었다.

2020. 7. 10.

결국 나도 누군가에겐
또라이일 것이다

『폭언일기』 / 조자까

　이 책의 작가 조자까는 낮에는 6년 차 조대리인 직장인으로 생활하고 밤에는 2년 차 조자까로 활동하고 있다고 하면서 자기의 경험과 지인들을 통하여 알게 된 내용을 토대로 웹툰 형식으로 표현한 것을 책으로 만들었다고 한다. 신입사원의 입장에서, 3년 이상 근무한 직장인의 입장에서, 그리고 9년 차 이상의 선배 입장에서 느끼는 폭언을 표현하여 슬프지만 우습고, 우습지만 결코 웃을 수만은 없는 이야기를 한다. 총 3장으로 구분하여, 「1장 폭언 들으러 왔습니다」, 「2장 이젠 익숙할 때도 되었는데」, 「3장 우리도 너희와 다르지 않다」로 구성되어 있어 예전 신입 시절의 나와 중간역할을 해야 하는 시절 그리고 앞으로 꼰대가 되지 않으려고 눈치 볼 시절을 예상하게 되었다. 소제목 「세상에 또라이는 많다」의 내용 중에서 "결국 나도 누군가에겐 또라이일 것이다."라는 말에 못내 씁쓸한 느낌을 지울 수 없었다. 또한 선배가 된 지금에는 침묵도 불편, 대화도 불편이라는 문구가 가슴을 찌른다.

2020. 7. 7.

그 사람의 가치는
그 사람이다

『사람사전』 / 정철

　'사람' 모든 생각의 주어, 모든 행동의 목적어, 모든 인생의 서술어, 인생 마지막 날까지 보듬고 가야 할 문자, 사람이 먼저다. 카피라이터 정철이 이 책의 작가이다. 책 표지에서 어쩌면 이 한 권을 쓰기 위해 『내 머리 사용법』 등 모든 책을 썼는지도 모른다고 말했다. 역시 카피라이터라서 그런지 모든 단어를 재해석하는 능력이 뛰어났고, 나 역시 읽는 내내 그 문장에 동의했다. 가끔은 한 번을 쓱 읽어서는 이해되지 않아 반복해서 읽었던 문장도 있었다. 그러나 대부분의 말들은 나를 감동시키기에 충분했다. 가치라는 단어를, "이름 앞에 붙은 초라하거나 화려한 수식어는 말 그대로 수식어다.", "그 사람의 가치는 그 사람이다."라고 풀이한 부분과 소리의 부메랑, "가면 온다. 사랑이 가면 사랑이 온다. 배려가 가면 배려가 온다. 나를 출발한 모든 말은 내게 되돌아온다."라고 메아리를 표현한 것은 가슴에 뜨겁게 남아 있다. 마침 일요일 늦게 이 책을 다 읽었는데 그 일요일을 오후부터는 월요일이라고 해서 웃었다. 완전공감.

2020. 7. 20.

착한 사람은
없다

『봉제인형 살인사건』 / 다니엘 콜

　책은 영국의 중앙형사법원인 올드 베일리(Old Bailey)의 법정에서 시작된다. 주인공인 윌리암 올리버 레이튼 폭스, 이름의 머리글자를 따서 일명 울프(WOLF)라고 불리는 경찰이 잡은 연쇄방화살인범 나기브 칼리드의 배심원 판결을 기다리다 무죄로 판결 나면서 법정에 뛰어들어 피고인을 죽일 듯이 때려 법정 경위의 곤봉에 의해 손목이 박살 나면서 제압당한다. 내용은 이렇게 시작한다. 그러나 무죄판결을 받은 나기브 칼리드는 다시 어린 소녀를 방화살인하면서 체포되고 울프는 복직하게 된다. 그 후 4년이 지난 어느 날 다시 살인사건이 접수되는데 머리, 몸통, 왼팔, 오른팔, 왼쪽 다리, 오른쪽 다리를 각각 다른 시체로 연결

한 일명 봉제인형 살인사건이 발생한다. 그 오른팔의 검지가 사건 발생 장소의 건너편에 최근 이사한 울프의 아파트를 가리키면서 울프를 끌어당기게 된다. 그리고 5명과 마지막은 주인공 울프를 대상으로 살인 예고를 하고 순서대로 살인이 이루어지고 결국 주인공이 살인범을 잡게 되는 내용이다. 이렇게 진지한 내용에서도 주인공이나 그 주변인들의 특유의 위트가 있는 말들이 유쾌했다. 주인공 울프는 자기를 찾아온 동료 백스터에게 "언론의 희생양이자 모델이며 죽을 날이 얼마 안 남은 윌리엄 폭스입니다."라고 하는가 하면 "정서 불안정에 술까지 취한 에밀리 백스터입니다. 올라가도 될까요?"라고 답하는 백스터도 가관이다. 핀레이가 한 말도 가슴에 남는다. "착한 사람은 없다는 것. 아직 지나치게 몰아붙여지지 않은 사람이 있을 뿐이야." 아마 울프를 향한 말이었을 것이다. 그러나 그 말은 모든 사람에게 던지는 말이 되어 돌아온다.

2020. 7. 25.

내가 이미 알고 있는 일은
상대도 알고 있으리라
착각하기 십상이다

『후가는 유가』 / 이사카 고타로

　책 제목인 『휴가와 유가』는 쌍둥이 형제의 이름이다. 누가 먼저 태어났는지 부모도 모른다. 단지 첫째가 먼저 나온 뒤 두 시간이 지난 뒤에 둘째가 태어났다는 특징이 있다. 그래서인지 모르게 남들과 다른 특별한 능력이 있다. 딱 생일에만 10시부터 두 시간 간격으로 둘의 현재 위치가 바뀌는 능력이 있다. 어릴 적 아버지로부터 가정폭력에 시달리면서 자란 탓에 힘으로 약한 사람을 지배하려는 악한을 극렬하게 혐오한다. 이 형제는 이러한 사회에서 부조리한 부분을 조금 바꾸려 한다. 이야기의 내용은 어딘가에 있음직한 가정폭력과 아동학대, 학교생활 속 왕따, 가학적인 변태 그리고 납치와 살인을 다루고 있지만 특별하지 않고 주위에서 평범하게 일어나는 일상으로 비춰진다. 작가 이사카 고타로는 가끔 진지한 부분에서 상상치도 못하는 말을 하는 것이 재미있다. 그리고 "내가 이미 알고 있는 일은 상대도 알고 있으리라 착각하기 십상이다."라고 생각하는 유가에게 나는 전적으로 동의한다.

2020. 7. 31.

아름다운 것은
아름답다고 느낄 때 행복하다

『언어의 온도』 / 이기주

　"말과 글에는 나름의 따뜻함과 차가움이 있다." 책 표지에 있는 말인데 정말 맞는 말이구나 하고 느꼈다. 어떤 말은 내게 너무도 차가운 채찍처럼 다가오기도 하고, 또 어떤 말은 따뜻한 위로로 내 가슴에 안긴다. 살아오면서 나도 많은 말을 분명 했을 텐데, 그 말들이 닿는 끝에는 누군가에게는 아픔과 슬픔으로 남아 있지 않았을까? 나의 바람은 그래도 가끔은 누군가에게 기쁨으로 남아주었으면 한다. 작가가 이야기하는 말 중에 할머니가 아픈 아이에게 했던 말에 가슴이 저려왔다. "아픈 사람을 알아보는 건, 더 아픈 사람이란다", 또 "그냥 한 번 걸어봤다."에서 '그냥'이란 말은 대개 별다른 이유가 없다는 걸 의미하지만, 굳이 이유를 대지 않아도 될 충분히 소중하다는 것을 의미하기도 한다. 그리고 살면서 내가 용서해야 하는 대상은 남이 아니라 나인지도 모른다고 한 부분도 좋았다. 결국 우리는 아름다운 것을 아름답다고 느낄 때 행복하다는 것을 배웠고, 난 이제부터 아름답게 느낄 무언가를 찾아야겠다.

2020. 8. 7.

낯선 사람들이 흥미로운 이유는
바로 낯섦에 있었다

『아홉 명의 완벽한 타인들』 / 리안 모리아티

❝❞

　자신이 로맨스 소설을 쓰지만, 연애 사기를 당한 중년 여자인 프랜시스, 시도 때도 없이 눈물을 흘리지만 정작 그걸 본 인만 모르는 아빠 나폴레옹, 언제나 자기 자신에게 화가 나 있는 엄마 헤더, 쌍둥이 오빠가 자살하기 전 이상 증상이 있다는 것을 알고도 모른 척했던 조, 복권에 당첨됐지만, 불행해 보이는 젊은 남자 벤, 놀라운 몸매를 소유한 벤의 아내 제시카, 이혼 전문 변호사인 끝내주게 잘생긴 남자 라스, 자신이 뚱뚱하다고 생각하는 네 명의 딸을 둔 이혼녀 카멜, 이렇게 아홉 명의 완벽한 타인들은 치유프로그램을 진행하는 평온의 집에 예약을 하고, 열흘 동안 마션, 야오, 디라일라가 프로그램을 진행하게 된다. 작가는 사소한 대화 중에서도 유머와 위트가 넘치는 표현과 감동적인 표현으로 책을 읽는 내내 웃음과 울음을 자아내게 한다. 낯선 사람들이 흥미로운 이유는 바로 낯섦에 있었다. 이 완벽한 아홉 명의 타인과 세 명의 관리자들의 이야기가 서로 잘 녹아든 제법 긴 내용이지만 난 한 번에 읽을 수 있었다.

2020. 8. 14.

패배 없는
싸움

『노인과 바다』 / 어니스트 헤밍웨이

　　멕시코 만류의 늙은 어부 산티아고와 그를 따르는 소
년 마놀린 그리고 어부가 잡은 거대한 청새치가 주인공이고, 조
연은 더 넓은 바다와 상어들, 그리고 갈매기들이다. 그런데『노인
과 바다』라고 제목을 정한 것이 이상하였다. 사실 '노인과 소년',
아니면 '노인과 청새치'가 더 제목으로 어울릴 것처럼 보이는데
『노인과 바다』로 정한 헤밍웨이의 마음이 궁금하다. 내용은 84일
째 고기를 잡지 못한 노인이 소년의 도움으로, 이틀의 사투로 자
기의 배보다 더 큰 청새치를 잡았는데 돌아오는 바다에서 상어가
잡은 고기를 다 먹어치워 뼈만 가지고 돌아왔다는 소설이다. 사
실 책을 읽는 동안 정말 고기를 잡기 위해 손도 다치고 힘이 빠

져, 머리가 어지러워 혼수상태까지 가면서 사력을 다하는 내가 느껴졌다. 정말 작가가 하나하나 상세하고, 세세하게 표현을 했었구나 하고 느낄 수 있었다. 그리고 소설 분량만큼의 작품해설을 친절하게 작성해 주어 소설 내용의 이면에 있는 배경과 세계관을 알게 해주는 친절함이 더 좋았다. 외부의 힘에 의해 파멸할망정, 정신적으로는 좀처럼 패배를 인정하지 않은 산티아고가 대단하다. "한 대상을 어떠한 이름으로 부르느냐에 따라 그 대상에 대한 태도가 달라지게 마련이다."라고 작품을 해설한 김욱동 옮긴이의 말이 가슴에 남는다. 산티아고가 육지를 떠나 망망대해에서 고기를 잡는 동안 김욱동은 헤밍웨이가 크게 세 가지 서술 기법을 사용한다고 말한다. "첫째는 주인공이 혼잣말을 하게 만드는 것이다.", "두 번째 방법은 주인공 산티아고가 생각하는 것을 그대로 옮겨 놓는 것이다.", "헤밍웨이가 사용하는 세 번째 서술 방법은 산티아고가 하는 혼잣말과 생각을 결합하는 것이다." 헤밍웨이의 의도를 김욱동은 어떻게 이렇게 정확하게 이해해서 표현하였을까? 그래서 난 이 소설에 정확히 감동했다.

2020. 8. 20.

이해란 가장 잘한 오해이고,
오해란 가장 적나라한 이해다

『느낌의 공동체』 / 신형철

이 책은 지은이 신형철의 문학평론을 2006년에서 2009년까지 모은 산문집이다. 이 책의 제목 『느낌의 공동체』라는 말을 처음 접할 때는 느끼지 못했다. 책의 마지막 장을 다 읽고 다시 돌아와서 맨 앞 장에 있는 「몰락의 에티카」에서 뽑아 다듬어 옮긴 글에서 느낄 수 있었다. "분명히 존재하지만 명확히 표명될 수 없는 느낌들의 기적적인 교류, 그렇게 느낌의 세계 안에서 우리는 만나, 서로 사랑하는 이들만이 느낌의 공동체를 구성할 수 있다."라는 말에 정신이 들었다.

총 6부로 구성된 산문집으로 시, 소설 그리고 영화까지 다양한 평론이다. 평론에서 웃음과 눈물을 함께 느껴보기는 처음이다.

제2부 「모국어가 흘리는 눈물」 내용 중에서 딜라이 라마께서 중국의 한 감옥에서 풀려난 티베트 승려를 친견했을 때의 일을 소개하며, 그동안 얼마나 고생이 심했느냐는 물음에 승려가 잔잔한 미소를 띠며 대답했다고 한다. "하마터면 저들을 미워할 뻔했습니다그려!" 그러곤 무릎 위에 올려놓은 승려의 두 손이 가만히 떨렸다는 이 글을 읽고 난 웃음이 터졌다가 바로 짠한 마음이 들었다. 그 후 정말 2부의 제목과 딱 맞는 내용으로 문인수의 「이것이 날개다」를 평론한 부분 「좋겠다, 죽어서……」에서 나온다. 난 이것이 진정 모국어가 흘리는 눈물이 아닐까 눈물을 닦으면서 생각했다. 그래놓고선 작가는 말한다. '더 많이 사랑하는 사람이 지는 게 사랑이지만, 더 많이 아파하는 사람이 이기는 게 시다.' 맞다. 동의하지 않을 수 없다. 김소연은 마음에 대해서 말한다. "'이해'란 가장 잘한 오해이고, '오해'란 가장 적나라한 이해다. '너는 나를 이해하는구나.'라는 말은 내가 원하는 내 모습으로 나를 잘 오해해 준다는 뜻이며, '너는 나를 오해하는구나.'는 '내가 보여주지 않고자 했던 내 속을 어떻게 그렇게 꿰뚫어 보았느냐.'와 마찬가지다." '이해'와 '오해' 정말 반박하기 어렵다.

2020. 8. 27.

진실이란 건
언제나 마음에 드는 건 아니다

『커져버린 사소한 거짓말』 / 리안 모리아티

　　홀로 아이를 키우며 사는 24살의 싱글맘 제인, 아들이 태어난 후 5년이 지나 이사를 오게 된 피리위 반도에서, 같은 예비 학부모로 만난 매들린과 셀레스트와 친구가 되고, 제인의 아들이 얽힌 폭력사건이 일어나고, 예비 학부모들 사이에 균열이 일어나기 시작하면서 갈등이 시작된다. 소설의 시작 부분에서는 아이들 간의 폭력에 대한 이야기인가 했었는데, 나중에 갈수록 학부모들 간의 경쟁구도가 사회의 이야기처럼 보였고, 부부간의 폭력이 아이에게 유산처럼 이어질 수 있다는 것을 알려주는 이야기였다. 꽤 두꺼운 책이었음에도 쉽게 읽을 수 있도록 하는 작가의 마력에 빠져 단번에 읽을 수밖에 없었다. 책 내용 중에 싱글맘으로서의 아픔과 아이를 밝게 키우려는 엄마의 마음도 엿볼 수 있어서 좋았다. 진실이란 건 언제나 마음에 드는 건 아니라는 말과 "매들린은 속으로 보니를 노려봤다. 어쩌면 밖으로도 노려봤는지도 모른다."는 말이 좋았다. 마지막에 셀레스트가 한 말, "이건 누구에게나 일어날 수 있는 일이라고 생각해요." 이 말에 난 공감한다. 누구에게나 말이다.

2020. 9. 5.

스스로 괴로움을
선택한 당신

『애쓰지 않고 편안하게』 / 김수현

　　『나는 나로 살기로 했다』의 저자 김수현의 다음 책이라
나름 나를 너무나 기대하게 만든 책이었다. 책 읽기에 맛을 느끼
기 시작할 시기에 읽었던『나는 나로 살기로 했다』는 분명 내게
신선한 충격이었고, 그때의 나에게 생활의 지침서가 되었다. 그
래서 그때, 나만의 자존감이 조금 성장하게 되었는데,『애쓰지 않
고 편안하게』를 읽으면서, 다시 관계에 대한 생각을 편하게 할 수
있어서 좋았다. 매회의 주제에 대해 다양한 인용과 솔직한 경험
담을 시작으로 어려운 주제를 잘 표현하고 풀어주는 방식이 너무
좋았고, 쉽게 받아들일 수 있었다. 내가 예전에 가지고 있던 정리
되지 않은 분노에 대해서도 깨닫게 되었다. '상대의 잘못을 사라

지게 하고 싶지 않고, 상대를 비난할 수 있는 권리를 포기하고 싶진 않다. 그래서 스스로 괴로움을 선택한다. 하지만 그건 원망이라는 이름으로 자신에게 하는 2차 가해는 아니었을까?' 그래서 나도 스스로 분노하는 것을 멈추지 않았었나 생각하게 되었다. 앞으로는 좀 더 편안하게 생각하기로 했다.

2020. 9. 13.

미 쳤 다

『정확한 사랑의 실험』 / 신형철

　이 책은 2012년 여름부터 2014년 봄까지 영화 주간지에 매달 연재한 글들과 다른 지면에서 쓴 글을 함께 엮어낸 책이다. 작가 신형철을 알게 된 계기는 『느낌의 공동체』라는 책을 동료 직원에게 선물로 받으면서였다. 물론 그 책을 읽고 문학비평에 대한 내용이 너무 좋아서 그와 관련된 책을 찾던 중 이 책의 제목이 내 눈에 들어오게 되었다. 영화비평이라면 작가가 혼낼지 몰라 영화해설이라고 말한다.(이 말로도 혼낼 것 같아서 걱정이지만) 하여간 내용은 공감하나 해설은 나에게 어려웠다. 그리고 뚜렷하게 말하기 힘든 느낌이 줄기차게 느껴진다. 영화를 도대체 몇 번을 봐야 이렇게 소소한 것까지 파악할 수 있을까? 분명 그냥 본 것이 아니라 아는 만큼 보인 것이었으리라. 감탄한다. "마치 고정 관념처럼 물을 지배하는 중력에만 순종하려는 히스테릭한 욕구 때문에 사람들은 물이 미쳤다고 할지도 모른다."라는 프랑시스 퐁주의 시 「물」의 말에 난 동의하지 않을 수 없다. 그래서 자신만의 특별한 '중력'에 순응하며 사는 일이 때로는 "미쳤다."라는 비난을 받을 수도 있는 것임을 영화 '가장 따뜻한 색, 블루'의 주인공 아델은 예감했을 것이라 생각한다.

2020. 9. 20.

세상에는 바보가
제일 무섭다

『아들 도키오』 / 히가시노 게이고

　　작가 히가시노 게이고는 일본의 추리소설의 거장이라
고 불리어진다. 그런 그의 작품 중에서 추리소설이 아닌 공상과
학 소설과 같은 책이 몇몇 있다. 『무지개를 연주하는 소년』, 『패
럴렐 월드 러브스토리』, 『나미야 잡화점의 기적』, 『인어가 잠든
집』, 『녹나무의 파수꾼』 등등. 이번 소설은 2005년에 출간한 작품
을 2020년에 다시 출간한 책이다. 그러나 지금 읽어도 『아들 도
키오』는 너무 재미있다. 미래에서 온 아들 도키오가 본 아빠 다
쿠미는 너무 철없고 무책임한 어른이었다. 과거는 바꿀 수 없지
만 더 좋은 방향으로 나갈 수 있지 않을까. 철없는 아빠를 자기에
게 주어진 카드로 열심히 승부해야만 한다는 것을 깨닫도록 해

준다. 그리고 내일만이 미래가 아니라는 사실도 알게 해준다. 결국 다른 세계로 떠나는 아들에게 아빠는 자기를 찾을 수 있는 장소를 말해주면서 소설은 끝난다. 내가 아들이었다면 그렇게 해낼 수 있었을까 의문이 든다. 무슨 일이든 하나씩 하나씩 차근차근 해야 한다는 것을 느끼게 되었다.

세상에는 바보가 제일 무섭다.

2020. 9. 27.

그걸 믿는 날
믿을 수가 없었어

『지구에서 한아뿐』 / 정세랑

　　주인공 한아의 남자친구인 경민이 유성우를 보기 위해
서 캐나다로 떠난다. 캐나다에서 유성우를 보던 중 사고가 나면
서 이야기는 시작된다. 사고는 우주에서 한아를 동경하던 외계
인이 무한여행권을 경민의 존재와 바꾸는 것이었으며, 경민이 된
외계인이 한아와 이쁜 사랑을 하게 되는 이야기이다. 조금은 새
로운 생각을 가미한 내용이라 재미있었고, 조금은 예상할 수 있
는 결과로 아쉬움도 있었다. 외계인이 아닌 경민이 결국 우주의
끝까지 갔다가 돌아와서 죽음을 앞두고 있을 때 한아가 말한다.
"너의 사랑할 수 있는 능력 한도 내에서 최선을 다해 사랑해 준
거 알아. 고맙게 생각해." 경민에게는 너무도 분에 겨운 말이라고

생각한다. 나중에 예전 경민이는 죽고, 새롭게 경민이가 된 외계인은 매듭을 지을 시간이 지난 후 돌아온다. 그때 한아는 돌아올 걸 믿었지만 조금 흔들렸던 자기를 이렇게 표현한다. "그걸 믿는 날 믿을 수가 없었어. 믿으면서도 전혀 믿을 수가 없었어."

예전에 그랬을 내가 격하게 공감했다.

2020. 9. 29.

찐고구마 백 개를
한꺼번에 먹은 듯

『최악』 / 오쿠다 히데오

작가 오쿠다 히데오는 2004년도 작품 『공중그네』를 통해서 알게 되었다. 그 후 오쿠다 히데오 소설은 그만이 가진 특유의 유머로 즐겁게 읽었었는데, 이 책은 읽는 동안 무언가 모르는 묵직한 답답함이 있었다. 소설 속에는 주인공이 3명으로 작은 철공소를 하고 있고, 남에게 많은 것을 기대하지 말아야 한다는 신념을 가진 신지로, 은행에 다니면서 지점장에게 성추행을 당하고도 대항하지 못하는 미도리, 파친코로 인생을 허비하거나 도둑질을 해서 살고 있는 가즈야, 이렇게 3명이 주인공이다. 그들은 생활 속에 기구한 일들로 점점 최악의 상황으로 내몰리게 된다. 이 책을 읽는 동안 내가 생각했던 오쿠다 히데오 나름의 색깔이 느껴지지 않았다. 뭔가 모를 기분 나쁨이 느껴졌고, 왜 그렇게밖에 할 수 없을까 하고 혼자 분노하곤 했다. 심지어 아내에게도 읽어 볼 것을 권하지 않았다. 최선을 다하지 못하더라도 괴물은 되지 말아야 한다는 것을 새삼 느끼게 되었다.

2020. 10. 5.

최악이 지나가면
최상이 오는 거란다

『정말 지독한 오후(Truly Madly Guilty)』 / 리안 모리아티

어느 화창한 일요일 오후 바비큐 파티에서 벌어진 일을 이야기한다. 누구나에게 실수는 있다. 누구나에게 비밀은 있다, 그게 유죄이든, 무죄든. 이 책을 읽으면서 나도 아이를 키울 때 실수했던 일들이 생각나서 눈물이 났다. 작은 혹은 조그만 실수나 놓친 시간이 얼마나 큰 결과가 되어 돌아왔는지 그런 일들이 나를 더 매섭고 엄격한 것으로 후려쳤는지, 용서할 수 없어 자책하고, 자책하면서 탓할 누군가를 찾고, 그래서 서로에게 상처를 주었던 지난날들. 조금 더 현명하고, 합리적으로 판단했어야 했다. 그래야 나를 보는 시각도, 주위를 보는 시각도 나아졌을 것 같다. 그러나 나도 어른이 되는 것이 처음이라, 아이를 보는 것이

처음이라, 많이 서툴렀다고 인정하면서도 그렇게 쉽게 인정하지 못했던 일들이 생생하게 생각이 난다. 이 책은 그와 관련된 일상의 일 중에서 누구나 겪을 수 있는 일이라 더 공감이 되었다. 정말 한 줄 한 글자를 새기듯이 읽었다고 생각된다. 간디가 한 말이 나온다. "용서는 강자의 특성이다." 너무나 공감한다. 샘이 한 말도 의미 있다. "최악이 지나가면 최상이 오는 거란다. 그러려면 용서하고 대화해야 해." 클레멘타인이 한 유머는 정말 웃겼다. "전구를 갈려면 트럼펫 주자가 몇 명 필요한지 알아요? 다섯 명이요. 전구 가는 사람 한 명이랑 그 사람을 둘러싸고 내가 갈면 이것보다 훨씬 잘해라고 말하는 사람 네 명이 필요해요." 마지막으로 에리카의 엄마 실비아가 한 말도 가슴에 남는다. "할 수 있다고 모두 해야 하는 건 아니란 말이야."

2020. 10. 19.

실수는 사람의 영역이고,
용서는 신의 영역이다

『허즈번드 시크릿』 / 리안 모리아티

　　7일간의 일상생활에서 벌어지는 사건들, 그 사건의 숨어 있던 비밀이 열린다. 이야기는 세 부류로 나누어진다. 세 아이의 엄마이자 완벽한 남편을 둔 평범한 가정주부 세실리아, 사랑하는 남편과 사촌이 서로 사랑에 빠졌다는 고백을 듣는 테스, 30년 전 살해당한 딸 자니의 살해범을 잡지 못해 아직도 고통 속에서 살고 있는 레이첼까지 세 명의 인물의 사연이 교차되는 옴니버스 형식의 이야기를 담고 있다. 어느 날 다락에서 남편의 유언장 같은 편지를 발견한 세실리아는 읽어야 하는지 갈등하게 된다. 편지봉투에는 '반드시 내가 죽은 뒤에 열어볼 것'이라고 적혀 있었기 때문이다. 그리고 그 편지를 뜯어 읽는 순간 모든 시간이 멈추고 만다. 남편이 같은 동네에 있는 레이첼의 딸 자니를 실수로 죽였다고 되어 있었던 것이다. 레이첼은 딸 자니가 죽기 전에 만났던 코너를 의심하고 살아오면서 계속 증거를 찾고 있다. 남편이 사랑에 빠졌다는 고백을 듣고, 아들 리엄과 친정집으로 온 테스는 전 남자친구인 코너를 보고 설레게 되고, 불륜을 하게 된다. 그렇게 돌고 돌아 서로 사연이 교차하게 되고, 또 다른 사건이 발생하게 된다. 예전에 본 영화 '밀양'에서 아들을 살해한 범인에게 용서에 대해 말한다. 내가 용서하지 않았는데 누가 용서를 했다는 말인가 하면서. 이 소설에서도 딸을 잃은 레이첼의 마음을 조금이나마 느낄 수 있었다. 그리고 그녀는 살던 곳을 버리고 미국으로 떠나는 결심을 하게 된다. "실수는 사람의 영역이고, 용서는 신의 영역이다."라는 말이 가슴에 남는다.

2020. 10. 23.

우리 행복한 거지?

『한때 소중했던 것들』 / 이기주

언젠가 본 이기주 작가의 책 『언어의 온도』에서 "아름다운 것을 아름답다고 느낄 때 우린 행복하다."라고 한 글이 가슴에 남아 있었는데, 이 책은 그 행복한 그때 이후 한때 소중했던 것들을 이야기하는 것 같아서 눈에 들어왔다. 그래서 작가는 이렇게 말한다. "소중한 사람이나 존재는 우리 곁을 떠날 때 그냥 사라지지 않는다. 소중한 무언가를 내게 남겨둔 채 떠나거나 내게서 소중한 무언가를 떼어내 가져간다." 또 "지금 우리를 아프게 하는 것은 지난날 우리를 행복하게 해준 것들이다."라고. 나는 격하게 공감하지만 전적으로 동의하지는 않는다. 언제가 결혼하고 얼마간 서로의 다름이 같아지기 위한 세월을 겪을 때, 아내가 다툼의 기억만으로 우리가 불행하지 않은지 물어온 적이 있었다. 난 애써 말했다. "다툼의 기억을 빼고 나면 우리의 모든 시간이 행복한 시간이었다고, 그게 더 많아서 특별한 다툼의 기억만 남았을 거라고, 그러니 그 기억보다 좋았던 시간을 더 기억하면 좋겠다고, 그건 분명 어려운 일이지만 그래도 그래야 한다고." 난 그때 속으로 울었었다. 어린 딸이 "아빠 우리 행복한 거지?" 하고 물었던 기억도 난다. 이런 모든 것이 난 소중하다. 그 소중한 것이 조금씩 기억에서 지워지고 있다는 것이 아쉽다. 치매에 걸린 할머니가 "앞으로 내가 너희를 몰라보면 어쩌지?" 하고 물었을 때 초등학생 아이가 이렇게 말한다. "걱정하지 마세요. 우리가 알아보면 되잖아요. 우리가 알아볼게요." 나도 세월이 흘러 늙어서 기억이 가물거리고 치매가 올지도 모른다. 그것이 두렵다. 그래서 오늘도 아침 7시부터 EBS 라디오에서 하는 Start English와 Easy English를 공부한다. It helps delay dementia. 그것이 치매를 늦추는 데 도움이 된다고 한다. 이 책에는 어른에 대해 "지가 좋아하지 않는 인간이라도 잘 지내는 게 어른이지."라고 말한 어느 작가의 이야기를 한다. 난 개인적으로 미생에서 말했던 어른에 대한 말에 더 공감한다. 주인공 장그래의 어머니가 첫 출근하는 아들에게 넥타이를 매어주면서 말한다. "남자가 넥타이를 맬 줄 알아야지. 어른이 되는 건 나 어른이요 떠든다고 되는 게 아니야. 꼭 할 줄 알아야 하는 건 꼭 할 줄 알아야지." 맞다. 난 아직도 어른이 못 되었다. 철들지도 않았고, 꼭 할 줄 알아야 하는데 그러지 못한 것도 많다. 그래도 난 좋다. 내겐 소중한 것들이 아직 있으니까.

2020. 11. 4.

책 한 권 읽으면서

정직이 최선이라는 말은
과대평가된 거야

『당신이 내게 최면을 걸었나요?』 / 리안 모리아티

이 책의 주인공으로 최면치료사 여성 엘런, 부인을 사별한 페트릭, 페트릭과 한동안 동거하다 헤어지고 페트릭을 스토킹하는 사스키아, 그리고 주변인들이라고 생각했다. 그러나 점차 후반으로 갈수록 중요한 비중을 차지하는 페트릭의 아들이자 엘런의 의붓아들 '잭'이 하는 말들이 무게감 있게 느껴졌다. 최면치료사로서 치료와 개인의 알고 싶은 욕심의 도덕적인 경계 사이의 고뇌가 느껴졌고, 스토킹을 하게 된 사스키아의 마음도 느껴졌다. 너무 사랑하니 너무 고통스럽다는 말과 "나는 당신을 스토킹하는 게 아니야. 내가 하고 싶은 건 토킹이라고."와 같은 말이 나올 수밖에 없는 상황으로 헤어짐을 당한 사스키아는 '아무 설명도 없이 갑자기 헤어지자고 했던 페트릭으로 부터 시작되지 않았을까.' 하는 무책임감으로 한동안 왜 엘런은 페트릭을 선택했는지 몹시도 궁금했다. 앞서 읽었던 『허즈번드 시크릿』에서 "정직이란 쓸데없이 과대 평가된 거라니까."라고 했었는데, 이 책에서는 "정직이 최선이라는 말은 과대평가된 거야."라고 엘런이 다시 말한다. 나도 정직이라는 것을 다시 한번 생각해 본다. 선의의 거짓말과 정직의 괴리는 과연 얼마나 차이가 있을까? 하여간 이 책의 결말은 해피엔딩이다. 그래서 다행이고, 조금의 찝찝함 없이 마지막까지 책장을 쉽게 덮게 되어서 좋았다. 작가 리안 모리아티는 나에게 여성의 심리적인 부분을 조금이라도 이해할 수 있도록 도와주었다. 복잡하지만 이유가 있고, 소소하지만 그것이 중대한 요소가 되어 큰 결과가 따라온다는 것도 알 수 있게 도와주었다. 그러나 나도 남자인지라 금방 또 잊어버리리라. 옛날 솔로몬이 알려준 "이 또한 지나가리라." 같이. 그래도 우리 모두는 부디 즐겁고, 행복한 삶이 되면 좋겠다.

2020. 11. 18.

책 한 권 읽으면서

현재에 집중하면
그에 걸맞은 미래가
자연스럽게 올 거야

『달러구트 꿈 백화점』 / 이미예

　이 책은 크라우드 펀딩 프로젝트로 만든 첫 소설이다. 작가소개에서 좋아하는 것은 8시간 푹 자고 일하기이고, 싫어하는 것은 잠도 못 자고 밤새워 일하기라고 소개한 부분이 재미있었다. 이 책의 내용으로 꿈을 파는 백화점이 나오고 그곳에서 취직한 페니가 주인공으로 여러 가지 에피소드를 이야기한다. 꿈의 가격은 후불제로 꿈을 꾼 사람이 나중에 자고 일어나서 느낀 감정을 지불하는 방식이다. 새로운 발상이라고 생각한다. 꿈에 대한 요금 중 제일로 값비싼 것은 설렘이라는 것도 신선했다. 그렇게 모은 감정을 차로 마신다는 것도, 차분한 분위기를 만드는 것도 다 신선했다. 꿈 백화점의 주인 달러구트가 예지몽을 팔 손님에게 현재에 집중하면 그에 걸맞은 미래가 자연스럽게 올 거라고 생각하는지 묻는 장면이 나온다. 당연한 것처럼 일반적인 말로 보이지만 사실은 우리 모두 모르고 지나기 쉬운 말이라 생각했다. 또 주인공 페니에게 자신의 삶을 사랑하는 방법에는 두 가지가 있다고 하면서, 첫 번째는 아무래도 삶에 만족할 수 없을 때는 바꾸기 위해 최선을 다한다. 두 번째는 자신의 삶을 있는 그대로 받아들이고 만족하는 것이라고 말한다. 그러다 보면 행복이 허무하리만치 가까이에 있었다는 걸 깨달을 수 있다고 한다. 벨기에 동화극 『파랑새』는 어린 남매가 성탄절 전야에 파랑새를 찾아 헤매는 꿈을 꾸다가 문득 깨어나 자기들이 기르던 비둘기가 바로 그 파랑새였음을 깨닫는다는 내용으로, 행복은 가까이에 있다는 주제를 형상화한 것과 같은 맥락이라 생각되었다. 책 마지막 에필로그에서 스피도가 하루를 보내면서 '정말이지 완벽한 하루'라고 말한 느낌도 한동안 가슴에 남았다.

2020. 11. 25.

책 한 권 읽으면서

우리와 별반
다를 것 없다

『면장 선거』 / 오쿠다 히데오

　이 책은 오쿠다 히데오의 이라부 시리즈 중에 한 작품으로 「구단주」, 「안퐁맨」, 「카리스마 직업」 및 「면장선거」의 소제목으로 된 총 네 편의 이야기로 구성되어 있다. 내용을 읽어보면 개인적인 생각이지만 신경정신과 의사 이라부의 단순하고도 유아스러운 상담이 때로는 살아가는 데 중요한 도움이 될 수 있다는 것을 느끼게 해준다. 네 편의 내용은 쉽게 서술되어 있어서 편하게 읽기 좋았으나 뇌리에 그리 남는 것은 없었다. 옮긴이 이영미는 내가 오쿠다 히데오의 작품을 처음 읽은 『공중그네』의 옮긴이로 작가보다 더 좋은 말을 해놓았다. "익숙한 것과의 동행이냐 결별이냐의 갈림길은 매 순간 선택을 강요한다."라고 했고, "우월

해 보이는 다른 사람의 실체가 우리와 별반 다를 것 없음을 보여
줌으로써 우리를 몰락으로부터 구제해 준다고 할 수 있겠다."라
고 표현한 부분이 강하게 남는다.

2020. 12. 2.

슬픈 현실이다

『독소 소설』 / 히가시노 게이고

2007년도에 만들어진 책이지만 지금 읽어도 전혀 어색하지 않은 내용이라는 것이 놀라운 책이다. 또 작가 히가시노 게이고가 기존에 만든 책과는 조금 다른 분위기라 더 좋았다. 책 이름이 보여주듯이 썩소(썩은 미소)나, 블랙코미디를 내용으로 이야기한다. 총 12개의 이야기로 손자를 자주 볼 수 없어 손자와 시간을 같이 보내고 싶어 손자를 유괴하는 할아버지와 친구들, 경찰업무를 매뉴얼로 절차를 만들어 놓아서 살인사건에 대한 자수를 하러 갔지만 절차를 지켜야 하는 살인범, 회사의 사모님과 배우자들의 모임에서 어쩔 수 없는 경우 등 블랙코미디가 재미있었다. 마지막에 유괴 전화 네트워크는 정말 당황스러웠다. 네트워

크로 이루어진 유괴 협박 전화는 진범이 잡혔는데도 계속 전화가 돌아와서 그들만의 리그가 진행된다는 것이 웃기기도 하지만 슬픈 현실로 느껴졌다. 요즘 내 주변에서도, 최근 보도되는 뉴스에서도 가끔 보여 나도 모르게 씁쓰름한 쓴웃음을 짓는다.

2020. 12. 8.

거짓말일수록
정교한 법이지

『하쿠바산장 살인사건』 / 히가시노 게이고

이 책은 작가가 2008년 만든 『백마산장 살인사건』을 개정하여 다시 나온 책이다. 책에는 총 3건의 살인사건과 1건의 살인사건 같은 사고사가 있는 내용이다. 1년 전 "마리아 님은 집에 언제 돌아왔지?"라는 엽서를 남기고 펜션에서 자살한 오빠의 죽음을 밝히고자 여동생과 그 친구가 펜션으로 가면서 시작된다. 오빠가 죽기 전 보석상 사장이 사고사로 죽은 사건이 있었다는 것과 1년 전에 숙박했던 사람들이 같은 시기에 같이 숙박했다는 것을 알게 되고 펜션에서 열리는 파티 중에 다시 한 사람이 부러진 돌다리에서 떨어져 죽는 사고가 생긴다. 펜션의 8개 방에 걸린 벽걸이의 머더구스의 노래가사가 암호가 되어 행복의 주문을 이루고 있다는 것과 3년에 걸쳐 3건의 죽음이 모두 살인사건이라는 것을 알게 되고 여동생 나오코와 친구 마코토가 탐정이 되어 풀어간다. 마지막에 범인과 밀실살인의 트릭을 해결하고 집으로 돌아가는 길에 다시 새로운 사실을 알게 된다. 마지막 펜션의 전 주인이었던 영국부인 6살 아들의 죽음에 대한 진실을 알게 되면서 소름이 돋았다. 이 소설은 밀실살인, 도미노살인, 그리고 마지막까지 읽어야 알 수 있는 등장인물 간의 관계에 대해 알게 되면서 역시 히가시노 게이고는 대단한 추리소설가라고 생각하게 되었다. 지금까지 읽은 히가시노 게이고의 추리소설 중에서 이 작품이 나는 최고라고 해주고 싶다. "호랑이 굴에 들어가야 호랑이를 잡는다는 속담이 있긴 하지만 누군가 등을 떠밀어 주지 않으면 못 들어가는 경우가 많지."라는 말과 "거짓말일수록 정교한 법이지."라는 말이 기억에 남는다.

2020. 12. 15.

책 한 권 읽으면서

믿기 어려우시겠지만

『흑소 소설』 / 히가시노 게이고

　이 책은 히가시노 게이고의 웃음시리즈의 마지막으로 펴낸 책이며, 이후에 다시는 웃음시리즈를 만들지 않겠다고 했다고 한다. 2005년 등록된 책으로 2020년 출판사에서 다시 출판한 책이다. 그러나 15년이나 지난 지금 이 책을 읽어도 씁쓸한 웃음이 나오는 내용이 나의 기분까지도 씁쓸하다. 총 13개의 에피소드로 구성되어 있으나 몇몇은 나오는 이가 같아 에피소드가 연장되고 있는 느낌이다. 첫 번째 에피소드는 문학상을 노리는 소설가의 속마음과 겉모습의 차이와 그 주변 사람들의 속마음을 여과 없이 보여준다. 현실에서 주변에서 얼마든지 볼 수 있지만 표현하지 않는 상황을 묘사해서 씁쓸하게 웃겼다. 그 뒤에 이어지

는 에피소드는 출판사에서 신인상을 수상한 회사원이자 신인작
가의 이야기로 거만하지 않고 겸손해야 한다는 것을 느꼈다. 과
연 나도 그런 실수를 할 수 있겠다 싶었다. 그 후 에피소드 중에
심사위원회는 심사위원회를 가장해서 심사위원을 심사하는 상황
이 재미있었다. 자기도 모르는 사이에 매정하지만 지금 현실에도
그런 일이 있지 않을까 싶다. 중간에 나오는「신데렐라 백야행」
이라는 에피소드는 정말 새롭기도 하다. 신데렐라의 계획된 일들
이 무섭도록 가슴에 남는다. 신데렐라가 아버지에게 그동안 있었
던 일을 이야기할 때 이런 말이 나온다. "'믿기 어려우시겠지만'
이렇게 전제하고 그녀가 꺼낸 얘기는 아닌 게 아니라 믿기 어려
운 내용이었다." 여기서 난 빵 터졌다.

2020. 12. 18.

책 한 권 읽으면서

괜찮으시다면
당신의 주소를
가르쳐 주실 수 있을까요?

『기묘한 러브레터』 / 야도노 카호루

"

대단하다! 소오름…. 이 책을 다 읽고 느낀 점이 이러 했다. 그리고 나도 모르게 첫 장으로 다시 넘어가서 다시 읽기 시 작했다. 그리고 인터넷에 나와 같은 느낌을 가진 사람이 있는지 책 이름으로 검색해 보니 모두 나와 비슷한 느낌을 리뷰했고, 스 포되어 있었다. 난 이 책을 YES24Viewer라는 앱을 통해서 전자 책으로 보았는데, 포스팅된 사이트에서 책의 표지와 함께 뒷장 이 소개되어 있었고 난 그 뒷장을 보고 놀랐다. 뒷장에는 이렇게 적혀 있었다. "마지막 한 장을 읽고 나면 반드시 첫 장으로 돌아 가게 된다!" 나도 마지막 한 장을 읽고는 곧바로 첫 장으로 가서 다시 읽었다는 것에 소름 돋았다. 그리고 뒷장 그 글 밑에는 "괜

찾으시다면 당신의 주소를 가르쳐 주실 수 있을까요? 어디에 살고 계시는지 정도는 알고 싶다는 단순한 마음입니다."라는 글에도 다시 한번 소름 돋았다. 책 표지에 가면이 벗겨지는 얼굴에 다시 한번 놀랐고, 정말 처음으로 접하는 소설이었다는 것에 작가가 궁금했으나, 작가이름 밑에 '복면작가'라고 익명으로 되어 있었던 것도 놀라웠다. 소설의 내용은 남자가 가부키에 관심이 있어 페이스북을 보던 중 옛날에 대학교에서 만나 결혼약속을 하고 결혼식 전날에 사라진 여자를 페이스북에서 우연히 만나 메시지를 보내는 것으로 시작된다. 첫 장을 읽으면서 이제 오십 줄에 들어선 중년의 옛사랑을 그리워하는 편지에 감상적이었으나 주고받는 메시지를 거듭하면서 옛날이야기가 급속하게 진행되고 갑자기 탁! 하고 충격적으로 끝나게 된다. SNS에서 주고받는 메시지의 개인정보는 정말 무섭다는 것을 새삼 느끼게 되었다.

2020. 12. 18.

내가 이런 사람이기도 하고
저런 사람이기도 하지만

『브릿마리 여기 있다』 / 프레드릭 배크만

서양 사람들의 유머와 센스가 정말 재미있다고 느꼈던 작품 중의 하나인『오베라는 남자』라는 책을 만든 작가가 생각나서 고른 책이다. 왠지 '브릿마리'라는 사람이 오베가 가지고 있던 '동네 챙김이' 아니면 '동네 간섭쟁이'의 느낌일까 하는 생각으로 읽기 시작했지만, 브릿마리는 예상과는 달리 지금까지 가정주부로 살아오면서 다른 일은 해보지 않고, 편견을 가지고 있지 않다고 하면서 온갖 편견과 아집을 가지고, 자기의 유일한 장점이자 스트레스 해소법인 청소에 대한 견해를 깊이 품고 사는 여자였다. 어느 날 남편이 심장마비로 쓰러지면서, 자신을 찾고자 하는 시작으로 고용센터에 찾아가 일거리를 찾는다. 고용센터의 여직원을 그렇게 괴롭힐 때는 정말 못된 사람이구나 생각했지만, 브릿마리가 살아온 인생에서는 그렇게 생각할 수도 있었겠구나 하는 동조의 마음도 들었다. 이 한 여자 사람이 만들어 내는 변화가 조금씩, 그러나 강렬하게 남는다. 나라면 과연 그럴 용기가 있었을까? 과연 나도 그렇게 행동할 수 있었을까? 그렇게 보면 브릿마리는 세상을 잘 모르지만 용기가 대단하고, 무엇이든 해내겠다는 행동에 처음부터 박수를 보낼 수밖에 없었다. 사실 세심하게 보지 않으면 못 찾을 애교와 배려심은 탁월하다. 축구에 대한 열정도 어느 정도 공감할 수 있었다. 몇몇 말들이 너무 재미있었다. 예를 들면 "아무도 듣지 않으면 좋을 말을 중얼거리고, 쳐다보고 싶지 않아도 쳐다볼 수밖에 없는 사람의 눈빛을 지으며."라든가, "피할 방법이 없기 때문이다."와 같은 말에 엄청 웃었다. 국가대표에 대해 말하는 미지의 인물(끝까지 이름을 밝혀지지 않은 여자)과 브릿마리의 대목에서는 배가 아팠을 정도였다. "가끔은 내 현재 위치가 어딘지만 정확히 알고 있으면 내가 어떤 사람인지 모르더라도 훨씬 수월하게 살아갈 수 있다."는 말도 가슴에 남는다. 브릿마리가 새미에게 했던 말 중에 "내가 이런 사람이기도 하고 저런 사람이기도 하지만 바보는 아니다."라고 말하는 부분도 좋았다. 그리고 보면 나는 참 바보인 것 같다.

2020. 12. 28.

발로
똥 차지 마라

『할머니가 미안하다고 전해달랬어요』 / 프레드릭 배크만

할머니, 엄마 그리고 딸의 이야기이다. 그러나 그들과 함께 살고 있는 아파트 주민들의 이야기이면서 동화 같은 이야기이다. 일곱 살짜리 아이에게는 슈퍼히어로가 있어야 한다. 나도 이 말을 빨리 알았다면 슈퍼히어로가 되었을까 싶다. 여덟 살이 다 되어가는 일곱 살 여자아이 엘사가 주인공으로 그의 슈퍼히어로인 할머니가 죽기 전에 보물찾기를 시킨다. 엘사는 숨겨진 할머니 편지를 찾아서 받을 사람을 찾아 나누어 주면서 이야기가 진행된다. 이야기 중에는 할머니가 엘사에게 껠락말락나라의 여섯 왕국에 대해 이야기해 주고, 둘 만의 암호도 알려주고, 엘사가 어려울 때에는 그냥 두고 보진 않고 덤벼들어 해결해 낸다. 할머니는 손녀 일이라면

물불을 가지지 않는다. 그런 슈퍼히어로인 할머니가 돌아가시고, 편지를 하나씩 찾아서 전해주면서 할머니에 대해 몰랐던 이야기에 대한 배신감에 울분을 토한다. 결국에는 엄마와 할머니에 대한 이야기, 할머니와 주변 사람들의 이야기들을 하나씩 알게 되면서 할머니는 백 퍼센트 개떡은 아니었다는 걸, 백 퍼센트 안 개떡도 아니었다는 걸 알게 된다. 일곱 살의 엘사는 정말 똑똑한 아이였다. 이 책에는 할머니가 했던 명언이 너무 많다. "나쁜 게 사라지지 않을 것 같으면 좋은 걸로 덮어버려야지.", "너보다 시간이 더 많은 사람은 절대 건드리면 안 된다.", "훔친 거 아니야 아직 돌려주지 않은 거지.", "발로 똥 차지 마라. 온 사방이 똥 천지가 될 테니까." 그리고 엘사가 좋아하는 영어로 '노 쉿 셜록!(No shit, Sherlock!)', '당연하잖아, 바보야!'라는 뜻으로 자주 등장한다. 그리고 아파트 주민으로 나오는 브릿마리는 내가 후속작으로 나오는 『브릿마리 여기 있다』를 먼저 읽어서 그런지 가슴이 찡해온다. 브릿마리가 알려주는 존재에 대한 말이 마음을 때린다. "우리는 남들이 우리를 사랑해주길 바란다. 그게 안 되면 존경해 주길, 그게 안 되면 두려워해주길, 그게 안 되면 미워하고 경멸해주길. 우리는 무슨 수를 써서라도 남들에게 어떤 감정이라도 불러일으키길 원한다. 우리의 영혼은 진공상태를 혐오한다. 무엇이라도 접촉하길 갈망한다." 『닥터 글라스』라는 책에 나오는 시라고 한다.

2021. 1. 8.

책 한 권 읽으면서

결국에는
너와 하느님의 일이다

『베어타운』 / 프레드릭 배크만

이 책은 하키에 목숨 거는 작은 마을의 이야기로 출발해서 여자아이가 당하는 강간과 그 피해자인 여자아이를 둘러싼 작은 마을의 이야기이다. 하키에 대한 이야기가 먼저 시작될 때는 하키라는 운동이 어마어마한 힘을 표출한다고 느꼈다. 스케이트를 타고 퍽으로 골문을 향해서 슈팅을 하고, 선수들의 보디체크와 피땀 흘리는 연습을 하는 등 모든 행위에 대한 거대한 힘이 느껴졌다. 그러나 그 뒷면에는 의리라는 이름으로 휘두르는 힘에 당해야 하는 선량한 사람의 이야기는 왠지 모를 분노까지 느끼게 한다. 한 마을이 있다. 예전에 전국대회에서 아쉽게 2위를 했던 베어타운이 있다. 이번 대회에서 우승을 하면서 마을을 알리고 하키아카데미를 건설하는 등 마을 발전을 꾀하려고 시도한다. 베어타운 하키팀의 주장인 케빈이 준결승에서 이기고 자기 집에서 파티를 열면서 자기가 점찍은 여자인 하키팀 단장의 딸 마야를 자기 방에 데려가서 강간을 한다. 이 사건의 피해자인 마야를 어쩌면 마을발전에 배신을 한 가해자로, 어쩌면 하키팀을 사유하려는 아버지의 개인욕심의 희생양으로 마을사람들은 몰고 간다. 너무 아팠을 마야의 마음을 느낄 수 있었고, 지켜주지 못한 피해자 부모의 마음을 뼈저리게 느낄 수 있어서, 이 책을 읽는 내내 딸을 가진 아빠의 마음으로, 눈물이 쉴 새 없이 흐르는 것을 멈출 수 없었다. 아맛의 어머니가 읽어준 기도문이 기억에 남는다. "네가 정직하면 사람들이 너를 속일 것이다. 그래도 정직하라. 네가 친절을 베풀면 사람들이 너를 이기적이라고 비난할 것이다. 그래도 친절을 베풀라. 네가 오늘 선을 행하더라도 내일이면 잊힐 것이다. 그래도 선을 행하라. 네가 만든 것을 남들이 무너뜨릴 수도 있다. 그래도 만들어라. 결국에는 너와 하느님의 일이다. 너와 다른 사람의 일이 아니다." 그리고 의리에 대해 이야기한 말이 가슴에 남는다. "의리처럼 설명하기 힘든 단어도 없을 것이다. 의리는 항상 좋은 걸로 간주된다. 사람들이 서로에게 베푸는 수많은 호의가 의리에서 비롯된다고 얘기하는 사람들이 많다. 문제는 사람들이 서로에게 저지르는 가장 나쁜 짓도 바로 그 의리에서 비롯된다는 거다." 옮긴이가 말한다. "이해와 용서. 이것이야말로 지금 우리 사회에서 가장 필요하지만 가장 부족한 두 단어이지 않을까." 그녀는 용서하거나 사면하지 않겠지만 인정을 베풀 것이다. 용서는 참으로 어려운 일이다.

2021. 1. 22.

나도 이과계였나

『추리소설가의 살인사건』 / 히가시노 게이고

이 책은 2001년에 발표한 8편의 단편으로 구성된 소설이다. 지금으로부터 20년 전에 만들어진 소설인데, 지금 읽어도 반감이나 어색함 등이 느껴지지 않는다. 최근에 읽은 『흑소 소설』에 나오는 작가들의 이야기가 연속되는 듯한 느낌도 지울 수 없다. 소설을 읽는 내내 가볍게 읽으면서도 느끼는 점이 각각 다르다는 것과 우습지만 슬프기도 한 현실이 있구나 싶은 생각이 들기도 했다. 첫 번째 장인 「세금 대책 살인사건」의 경우 갑자기 인기가 높아진 작가가 세금폭탄과 한판 싸움을 하는 이야기이다. 세금을 줄이기 위해 소설의 내용을 바꾸는 작가, 그 바꾼 내용 때문에 다시 인기가 없어진 작가. 두 번째 「이과계 살인사건」은 읽고 난 뒤 누군가가 내 뒤통수를 강하게 내리친 듯, 나도 모르게 "앗!" 하고 작은 신음소리와 함께 어이없이 웃고야 말았다. '나도 이과계였나' 하고. 뒤이어 「범인 맞추기 소설 살인사건」에서는 어찌 보면 작가와 독자 간의 소통으로 작품을 완성해 나가는 것도 괜찮겠다라고 개인적으로 생각했다. 나도 이런 소설을 한번 도전해 보고도 싶다. 그다음 「고령화 사회 살인사건」에서는 독자를 속였다는 것을 마지막 페이지를 읽으면서 알게 되어 나름 재미있었다. 또한, 「예고소설 살인사건」은 작가가 거부할 수 없는 상황으로 몰고 가는 내용으로 인간이라면 그럴 수 있겠다 라는 생각이 들기도 했다. 마지막은 반전이 아니었으면 좋았을 것 같았다. 그리고 「장편소설 살인사건」은 최근 몇몇 책들을 읽으면서 소설이 정말 장편으로 발전해 가고 있는 것 같아서 안타까운 생각이 들었다. 여백의 미도 좋았는데, 내용이 재미있어도 책의 두께가 두꺼우면 일단 거부감이 들던데 하는 생각들. 그리고 보라는 듯이 제일 작은 분량인 「미카제관 살인사건」. 마지막의 「독서기계 살인사건」, 나는 이런 기계가 있어도 책장을 직접 넘기면서 읽은 지금의 독서를 좋아해서 다행이라는 생각을 했다. 전반적으로 웃픈 소설이었고, 옮긴이의 말처럼 '어? 이 소설을 다 읽었다고요? 그렇다면 당신은…?!' 라고 말해서 한 번 더 웃었다.

2021. 1. 29.

바쁘게 사는 사람들은
항상 뭔가를 바쁘게 놓치면서
사는 거야

『하루하루가 이별의 날』 / 프레드릭 배크만

완벽해질 때까지 이별 준비를 하는 할아버지와 그의 아들 그리고 손자의 이야기이다. 노아의 할아버지는 하루하루 기억을 잃어가고 이제 이별을 준비해야 하는데 그의 머릿속은 점점 작아지고, 그런 할아버지를 보는 아들 테드와 노아의 이야기이다. 왠지 모르게 아름다운 그림을 보는 듯한 느낌이 든다. 이 책을 읽는 내내 몽환적이기도 하고 세밀하게 표현하지만 예민하지 않고 편안해지는 꿈결 같은 풍경을 보여준다. 먼저 떠난 할머니를 그리워하는 할아버지의 마음도 절실하게 느껴진다. 할머니가 손자 노아에게 "바쁘게 사는 사람들은 항상 뭔가를 바쁘게 놓치면서 사는 거야."라고 말해주는데 나도 조금은 이해할 수 있을 것 같다. 할아버지는 노아에게 "할머니가 내 가슴속에 들어왔다가 길을 잃어서 빠져나가지 못한 게 아닐까 싶다만, 끔찍한 길치였거든. 에스컬레이터에서도 헤맬 만큼."이라고 말한다. 진지한 내용 중에서 이 말에 나도 모르게 웃고 있었다. 작가의 숨길 수 없는 유머가 갑자기 뛰어나와, 꼭 한 번 더 웃게 만든다.

2021. 2. 9.

아는 만큼
보인다

『혼자 보는 그림』 / 김한들

　책 표지에 소제목이 있다. '시끄러운 고독 속에서 가만히 나를 붙잡아 준 것들' 사실 이 소제목이 눈에 들어와서 선택한 책이다. 평소 그림에 대한 설명이라든지, 안내서 등을 읽는 것을 좋아하는데, 그 설명을 읽고 보면 그림이 달리 보이기 때문이다. 예전에 『나의 문화유산답사기』를 쓴 유홍준 님의 말 중에 "사랑하면 알게 되고, 알게 되면 보이나니 그때 보이는 것은 전과 같지 않으리라."라는 말과 "아는 만큼 보인다."라는 말이 있는데, 아마 그와 같은 느낌일 것이다. 이 책에 나오는 그림도 사실 그냥 쓱 보면 별 감흥이 없었다. 내가 관심을 가지고 있지 않아서겠지만 기본적인 지식이 없어서이기도 하다. 그런데 작가의 말을 읽어보면 왠지 다시 한번 그림을 보게 된다. 그리고 느끼게 된다. 물론 작가와 같은 느낌은 아닐지라도 나만의 방식으로 다시 보게 되는 영광이 있기도 하다. 슬픔이 피어오르는 순간이라는 제목 속에 '래빗홀'이라는 영화이야기가 나온다. 자기 아들을 교통사고로 잃은 엄마에게 그 차의 운전자였던 소년이 묻는다. "가슴에 얹힌 이 무거운 바위를 어떻게 해야 하지요?", 엄마는 말한다. "시간이 지나면 무거운 바위가 점점 작아져 나중에는 주머니에 넣고 다녀도 좋은 만큼 조약돌처럼 작아지지. 그러다 가끔은 그 조약돌을 잊어버리기도 해. 하지만 문득 생각나 손을 넣어보면 만져지지. 그렇게 계속 가는 거야." 작가는 말한다. "슬픔은 사라지지 않는다. 공평하게 말이다." 어떻게도 물리치지 못하는 말처럼 무겁게 들린다.

2021. 2. 16.

미묘하게 다른 회색들이
훨씬 더 많다

『우리와 당신들』 / 프레드릭 배크만

❝

이 책은 전작인 『베어타운』의 후편으로 하키의 도시 베어타운과 맞은편에 있는 또 다른 하키의 도시 헤드와의 이야기이다. 빨간색의 황소와 초록색의 곰의 싸움이다. 그리고 그 일당이 있다. 베어타운 하키팀에 케빈과 그 무리들이 빠지고 아맛, 보보, 벤이가 뭉친다. 헤드의 하키팀에는 베어타운에서 이적한 코치 다비드와 빌리암 뤼트 등이 뭉친다. 그래서 서로 증오로 똘똘 뭉친 2개의 하키팀이 싸운다. 그 사이에는 베어타운의 주장 벤이의 비밀이 익명의 온라인으로 폭로되고, 누군가는 죽고, 누군가는 떠나가게 된다. 이 책에는 전작과 같이 팡팡 터지는 유머가 곳곳에 있는 반면에 눈물이 쏟아지는 부분을 갑자기 만나게 된다. 매일 캐빈을 죽일 수밖에 없는, 그래서 매일 버텨내야 하는 마야가 있고, 그의 친구 아나가 있다. 이 책에서는 마야와 비슷하게 힘든 상황을 겪는 벤이 마야에게 말한다. "무슨 수로 견뎠니? 무슨 수로 버텼니?" 마야는 딱 부러지게 말한다. "나는 피해자가 아니에요. 나는 생존자예요." 맞는 말이다. 이 말이 나를 버티게, 견디게 해준다. 나도 생존자였다. 책에서는 "어쩌면 우리는 좋은 사람인 동시에 나쁜 사람일 수도 있다. 좋은 사람과 나쁜 사람을 둘러싼 문제가 복잡해지는 이유도 우리가 대부분 좋은 사람인 동시에 나쁜 사람일 수 있기 때문이다." 또 "인간은 저마다 백 가지로 다르지만 남들 눈에는 우리가 그들과 한 팀인지 아닌지 그것만 보인다."라고 한다. 옮긴이는 말한다. "하지만 현실은 흑과 백보다 그 사이에 존재하는 무수하고, 미묘하게 다른 회색들이 훨씬 더 많다. 세상이 그리 간단하게 나눌 수 없는 곳이기에 오늘도 우리의 세상살이는 복잡할 수밖에 없다." 작가의 말과 옮긴이의 말에 난 모두 똑같이 전적으로 동의할 수밖에 없다. 누가 뭐라 하더라도.

2021. 3. 5.

이상과 현실은
항상 같지 않다

『조각들』 / 미나토 가나에

이 책은 사람의 외모에 대한 이야기를 내용으로 한다. "시골 마을에 사는 여자애가 대량의 도넛에 둘러싸여 자살했다 더라. 모델 같은 미소녀라며, 아니 나는 학교에서 제일 뚱뚱하 고 들었는데," 첫 장에 나오는 말이다. 결혼을 앞둔 한 여자가 자 살을 한다. 이 책의 화자 미용외과 의사 히사노는 자살한 여자가 관계되어 있는 사람들을 인터뷰하는 방식으로 소설의 내용을 전 개한다. 자살한 여자는 히사노의 학교 동창생의 딸이었고, 그 딸 이 자살하기 전과 그 후의 이야기를 자신의 동창생, 자살한 여자 의 학교 선생님, 그리고 짝사랑한 남자 등에게서 이야기를 듣는 다. 한결같이 모두들 외모의 아름다움과 뚱뚱함에 대해 이야기한다. 외모가 사람들이 가질 수 있는 선입견을 만들고, 그 사람은 그 선입견과 달리 밝고 명랑한 성격이라도 나중에는 그 선입견에 영향을 미치게 된다는 것을 나는 느낄 수 있었다. 결국 세상 사람들이 보는 눈은 아무리 외모가 아닌 개성이 보여도 외모의 영향에서는 벗어나지 못하는 현실이 안타깝지만 나도 그러고 있다는 게 슬프다. 에필로그에서 "모든 사람이 타인을 외모로 판단하지 않고 내면에 시선을 돌린다면 더 살기 좋은 세상이 되지 않을까요?"라고 말한다. 그리고 "기준을 타인에게 맡기지 마세요."라고도 말한다. "하지만 한 가지 기억해 두셨으면 하는 건 자기가 이상이라 생각하는 형태가 타인에게도 반드시 그렇지는 않다는 겁니다." 이상과 현실은 항상 같지 않고, 항상 유리한 쪽으로 기울기 때문이라고 나는 생각한다. 난 오늘도 더 좋은 나의 모습을 위해 덜 먹고, 더 운동하려고 괜히 애쓴다. 그러나 이 수고스러움은 타인을 위해서가 아니라 나를 위로하는 나만의 기쁨으로 생각한다. 이 책을 읽고 좀 더 그렇게 생각하려고 또 애쓴다.

2021. 3. 15.

보이는 부분과
보이고 싶지 않은 부분

『블랙 쇼맨과 이름 없는 마을의 살인』 / 히가시노 게이고

이 책은 히가시노 게이고의 새로운 시리즈의 시작을
알리는 블랙 쇼맨을 주인공으로 살인사건을 추리해 나가는 내용
이다. 부동산회사에서 일하면서 같은 회사 선배와 두 달 후 결혼
식을 앞두고 있는 예비 신부 마야가 어느 날 고향에 있는 아버지
가 돌아가셨다고 경찰에게서 전화를 받는다. 바로 고향으로 내
려간 마야는 돌아가신 아버지를 확인하고, 경찰에게 사망하게 된
대략의 경위를 듣는다. 아버지는 고향에서 존경받던 교사로서 자
택의 뒷마당에서 교사의 흔적이 있는 체로 사망하였고, 경찰이
살인사건으로 조사하고 있다는 것을 알게 된다. 그와 동시에 어
렴풋이 기억나는 아버지의 동생 다케시가 나타나고 형을 죽인 살

인자를 마야와 함께 둘이서 찾기 위해 추리해 가는 내용이다. 개인적으로 히가시노 게이고의 최신작이라 현재 전 세계를 강타하고 있는 전염병 코로나19가 소설 내용에 등장하고 코로나 바이러스에 감염되어 죽은 사람도 내용에 살짝 나오기도 한다. 결국 마야의 삼촌인 다케시가 새로운 캐릭터인 블랙 쇼맨이 되어 모든 의문되는 것들을 추리하여 범인을 찾게 되고, 그러는 중에 다들 감추고 싶은 비밀들을 하나씩 들추어 낸다. 사람들은 누구나 좋게 보이는 부분과 누구에게도 보이고 싶지 않은 부분을 동시에 가지고 있고, 그것으로 인해 자기가 감당하기 힘든 일을 자기도 모르게 저지르고야 만다는 것을 다시 한번 깨닫게 되었다.

2021. 3. 30.

너는 네 모습 그대로
최고의 존재야

『최상의 리듬을 찾는 내 안의 새로운 변화 그림의 힘』 / 김선현

이 책을 처음 보는 순간 무엇 때문인지 모르게 저절로 손이 먼저 갔다. 그리고 편안한 느낌이랄까, '보고 싶다.'라는 마음이 느껴졌다. 지금까지 그림에 대하여 생각해 본 적이 없었는데 갑자기 왜 그랬을까, 아마 내 나이 50대가 되니 이제야 그림이 보여서일까, 조금 일탈의 옆눈길로 돌아볼 여유가 생겼는지도 모르겠다. 그래서인지 처음으로 나오는 그림이 가슴에 '쿵!' 하게 느껴졌고, 눈으로는 야릇한 미소가 저절로 나왔다. 바로 반 고흐의 '밤의 카페 테라스'였다. 하루를 쫓기듯이 살다가 눈에 들어온 그림에 나는 따뜻한 차, 아니면 시원한 생맥주 한 잔으로 카페 앞쪽에 비어 있는 의자에 앉아 있는 상상의 나래를 펼쳤다.

아! 이것이 그림의 힘이구나. 그림을 잘 알지도 못하지만 심지어 책을 읽기 전에는 누가 그렸는지도 모르는 그림이 내 눈과 가슴을 적시는구나 하고 멍하니 바라보았다. 이 책은 「일의 행복을 위하여」, 「부드러운 사람관계를 원한다면」, 「돈, 인생의 가장 긴밀한 친구가 되다」, 「시간에 대한 긍정으로」, 「내 고유의 리듬을 되찾고 싶다면」으로 나뉘어져 있다. 작가의 말처럼 목차의 순서대로 봐도 되지만 어느 그림이든 휘리릭 넘기다 멈춰진 곳을 보는 것도 추천해 주고 싶다. 그림에 대한 해석도 좋았고, 색깔에 대한 이야기도 좋았다. 중간중간 나오는 주옥같은 말들도 나에겐 깊은 울림을 준다. "하고 싶은 일 한 가지를 하기 위해선 하기 싫은 일 아홉 가지를 해야만 한다."라든지, "남들이 어떻게 반응하는지에 따라 내가 언제든지 무너질 수 있다면 그것은 진정으로 나를 사랑하는 태도가 아닙니다."라는 말도 좋았다. 마지막으로 소개된 나를 최고로 만드는 그림의 힘인 '비너스의 단장'은 요즘 나도 모르게 '확찐자'가 된 나 자신에게 '너는 네 모습 그대로 최고의 존재야.'라고 힘을 불어주었다. 너무나 감사했다.

2021. 4. 2.

그림은 시간과 기억을
다루는 기술이다

『그림 여행을 권함』 / 김한민

그림을 그리면 여행은 어떻게 달라질까? 작가의 이 물음에 확 당겨져 책을 놓을 수 없었다. 첫 페이지에 나오는 말, "이 책의 16~25페이지를 그린 분께 바칩니다."에 따라 첫 페이지 이후 그 페이지로 옮겨서 보고 누군지 알게 되었다. 색다른 감흥이었다. 작가는 그림을 그리는 데 제일 방해가 되는 것이 잘 그려야 한다는 마음이라고 한다. 전적으로 동감이다. 난 그림을 그렇게 잘 그리지 못한다. 아니, 비슷하게 그리지 못한다고 말하는 게 더 가까운 표현일 것이다. 그래서 어릴 적에 몇 번 그림 그리기를 시도했다가 바로 포기하고 말았다. 그래서인지 작가의 말이 진심으로 다가왔다. 이 책을 읽는 내내 나도 한 장 그리고 싶은 풍경이다 싶으면 조만간 한번 시도해 보리라 생각했다. 작가의 조언처럼 먼저 나의 아바타를 한번 만들어 봐야겠다. 그리고 얼마 전에 읽은 『그림의 힘』에서 그토록 가슴에 남은 그림 '밤의 카페 테라스'가 생각났다. 작가에게 절실함을 일깨워 준 다섯 스승 중 첫 번째가 '빈센트 반 고흐'라고 말해서일까. 그렇게 고된 삶을 살다 간 고흐가 그린 '밤의 카페 테라스'가 나에겐 더 기억에 남는다. "그림은 시간과 기억을 다루는 기술이다."라고 작가는 책 마지막 쪽에서 말한다. 눈을 통해서 머릿속 기억으로 남아 사라지는 것을 남기는 것이 그림이라는 기술이라고 나도 생각하니 잘 그리든 잘 못 그리든 나도 한번 그려보고 싶어진다.

2021. 4. 7.

우린 우리도
모르는 사이에

『그래도 괜찮아』 / 사노 요코

『그래도 괜찮아』라는 책 이름이 편안해 보여서 손이 갔다. 첫 페이지에 아픔과 상처를 웃음과 수다로 뒤엎는 사노 요코의 거침없고 솔직한 추억담이라는 말이 나를 편하게 만들어 주었다. 글을 읽는 내내 작가의 솔직하고 담백한 말이 재미있었다. 그러면서 나의 어릴 적 장면들이 머리에 떠오르기도 하였다. 어린 시절 무서웠던 아버지에 대한 부분, 부모님 두 분이 일하러 나가시고 아이들과 밖에서 뛰어놀거나 혼자 집에서 있었던 기억들, 친구들과 아무것도 아닌 것에 고군분투하던 시절들을 생각나게 해주었다. 사소하지만 돌아보면 나에게 큰 추억들, 작가는 그래서 이런 이야기를 하는구나, 그래서 난 이런 이야기를 추억하면서 보는구나. 나도 우연히 어린 시절의 친구를 만나면 했던 "넌 하나도 안 변했구나." 말이 책 속에서도 그런다. "너도 하나도 안 변했어. 늙었을 뿐이야." 변하지는 않았지만, 우린 우리도 모르는 사이 늙어간다. 인식하지도 못하면서 말이다. 마지막 해설에서 믿음에 대해 말한다. "사람을 믿는 재능이란 '손해 보기 싫다.', '지기 싫다.'와 같은 자신을 보호하려는 마음으로부터 자유로워 질 때 생기는 것이 아닐까요."라고. 나는 요즘 사람을 믿지 않으려는 경향이 있다. 그런데 나는 이기고 싶거나 이득을 보기 위해서가 아니라, 관심이 없어서일 것이다. 오히려 나에게 더 관심을 가지고 싶기 때문인 것 같다. 남은 내 시간이 아까워서 말이다.

2021. 4. 17.

난 부끄럽지 않다

『일인칭 단수』 / 무라카미 하루키

　내가 좋아하는 작가 중에 단연 상위에 있는 무라카미 하루키의 책이 오랜만에 출판되었다고 하여 반가운 마음에 읽기 시작하였다. 너무 기대하였나, 읽는 내내 멍해지는 듯, 아니면 일상생활에서 내가 알지 못하는 깊은 뜻을 내가 지금 각박하게 살아서 잘 느끼지 못하는 건가? 하면서 읽었다. 그런데 마지막 페이지를 읽고 책을 덮은 후 잠시 있다가, 아! 그래 이런 느낌이었지, 다시 스치듯이 다가오는 느낌이 살아났다. 은근하게 말이다. 소설책이라 되어 있으나, 난 무라카미 하루키의 산문집으로 생각되었다. 어린 시절의 이야기를 편하게 말하면서, 그 속에서 내가 '짐작조차 할 수 없을' 느낌을 숨겨놓은 무라카미 하루키 특유의 냄새가 났다. 「돌베개에」라는 첫 번째 장에서 나오는 그녀의 단가 "벤다 / 베인다 / 돌베개 / 목덜미 갖다 대니 / 보아라, 먼지가 되었다."가 강렬하다. 두 번째 장인 「크림」에서는 "중심이 여러 개 있으면서 둘레를 갖지 않는 원"이라는 물음을 던진다만, 난 그를 속인 그녀의 마음이 너무나 궁금했다. 그 궁금을 그런 물음으로 표현하지 않았을까 생각한다. 세 번째 장 「찰리 파커 플레이즈 보사노바」에서는 자기의 상상으로 만든 원고가 물질로 나타났을 때 난 주저 없이 사서 들었을 것이다. 그런데 그랬다면 소설이 되지 않았을 것 같다. 그 아쉬움이 간절하다. 그다음 장 「위드 더 비틀스」에서 나오는 LP판을 소중히 품에 안은 그녀가 누군지 얼굴도 생각나지 않지만 보고 싶은 마음을 나도 공감한다. 어릴 적 그런 비슷한 장면이 아직도 어렴풋이 생각나기 때문이다. 그리고 이 책에서 인상 깊은 건 「시나가와 원숭이의 고백」이다. 누군가를 사랑하게 되면 그 사람의 이름을 훔치게 되고, 그러면 그 사람은 가끔 자기 이름이 생각나지 않곤 한다니 놀라웠다. 나도 가끔 내 휴대전화번호가 생각나지 않는데 누군가 내 전화번호를 훔쳐간 건 아닌지 모르겠다. 마지막 장에 드디어 이 책의 제목인 「일인칭 단수」가 나온다. 나도 대학생 시절에 혼자서 생맥주를 하나 시켜 마시면서 책을 읽었던 추억이 있었다. 대학생이 되면 꼭 그렇게 하고 싶어서 그렇게 했다. 난 나만의 방식으로 그렇게 즐겼던 것 같다. 그래서 「일인칭 단수」였구나 싶다. 마지막 부분에서 그녀가 말한 "부끄러운 줄 알아요."라고 했지만, 난 부끄럽지 않다. 다시 돌아가도 난 똑같이 그렇게 할 것이다. 나만의 일인칭 단수로 말이다.

2021. 4. 23.

노바디와 섬바디

『여행의 이유』 / 김영하

    난 여행의 이유를 '고생하고 돌아온 포근한 집에서 다시 나를 찾으려는 이유'라고 생각한다. 말로 작성해 보니 너무 거창하게 보이지만 그냥 여행에서는 고역스럽지만 마침내 돌아온 내 집에서의 포근함으로 일상동안 잃어버린 나를 다시 찾게 되는 것이 아닐까 싶다. 여행(travel)이 고생(travail)이라는 어원에서 출발했다는 것은 알고 나니 정말 옛날에는 즐기려는 여행보다 어쩔 수 없이 가야 하는 여행이었을 것이라 생각되어졌다. 옛날 양반이 금강산 유람을 가서 높은 봉우리는 하인을 시켜 다녀오게 한 것도 그랬겠구나 싶다. 믿을만한 정보원을 시켜 여행을 대신하게 하는 '탈여행'과 목표가 있는 여행으로 여행지의 디테일에 함몰되지 않고 총체적 시각을 갖는 데 도움이 되는 '비여행'도 알게 되었다. 그리고 오디세우스에서 여행지의 '노바디'와 '섬바디'를 배우게 되었다. 일본의 한 코미디언의 일화가 인상 깊었다. 비싼 포르셰를 샀지만 막상 자기가 운전해 보니 포르셰가 달리는 모습을 볼 수 없어서 친구에게 운전하게 하고 자신은 택시를 타고 따라다니면서 구경하는 일화. 나도 처음 새 차를 사서 그랬던 거 같다. 난 운전을 시키지 않았지만, 벽이 유리로 거울처럼 보이는 거리를 지날 때는 앞을 주의하면서도 항상 내가 운전하고 있는 차를 거울 같은 유리를 통해 쳐다보면서 지나갔던 기억이 새록새록 되살아났다. 그래서 혼자 씩 한번 웃을 수 있었다. 이것도 내가 과거로 잠시라도 갔다 온 짧은 여행이 아닐까 싶다. 그래서 여행이 좋다.

2021. 4. 29.

물 한 컵의 무게는
얼마나 될까요?

『합격을 부르는 최적의 효과 그림의 힘』 / 김선현

　『최상의 리듬을 찾는 내 안의 새로운 변화 그림의 힘 I』
을 읽고 나서 『그림의 힘 II』를 보게 되었다. 『그림의 힘』 1권이
나에게는 너무나도 좋은 느낌이었고, 즐거운 경험이었기에 아무
런 거리낌 없이 2권을 선택하게 되었다. 물론 부재가 합격을 부
르는 최적의 효과라는 것도 개인적으로는 마음에 들지 않았지만
그래도 그림 자체로는 무척이나 좋았다. 책표지는 푸른 바다, 언
덕에 있는 두 여자, 내가 제일 좋아하는 뭉게구름이 여기저기 있
는 파란 하늘이 있는 그림이다. 그림의 이름이 '푸르빌 절벽 위의
산책'이었고, 클로드 모네가 그렸다. 모네가 1882년 푸르빌이라
는 마을에 머물면서 그리게 된 그림으로 미래의 아내가 되는 알

리스 오슈데에게 이렇게 편지했다고 한다. "이 고장은 너무도 아름다워지고 있소. 당신에게 기쁨으로 가득 찬 이곳을 구석구석까지 전부 보여줄 수 있으면 얼마나 좋을까!" 모네는 그 마음을 담아 그린 그림일 것이다. 정말 내 집에 걸어놓고 항상 볼 수 있으면 좋겠다 싶었다. 첫 장에서 미국의 한 심리학자가 "물 한 컵의 무게는 얼마나 될까요?"라고 묻는 부분이 나온다. 정말 나에게 그 물 한 컵의 무게는 얼마나 오랫동안 들고 있느냐에 따라 다르게 느껴지겠다는 생각이 들었다. 무엇이든 시간의 영향을 받으면 물도 시험도 나의 생활도 모두 다르게 느껴지는 것이리라. 그래서 시간이 이제 그림을 보는 눈도, 그래서 그런 나도, 조금쯤은 다르게 변화시키지 않았나 싶다.

2021. 5. 7.

책 한 권 읽으면서

보이는 대로
볼 수 있는 능력

『인간이 그리는 무늬』 / 최진석

　「인문학, 넌 누구냐?」로 시작하는 이 책에서 인문은 인간이 그리는 무늬라고 한다. 인간의 결이라고 한다. 그리고 인간의 동선이라고 한다. 그래서 언어의 수사적 기법을 사용하여 감동의 형식으로 인간이 그리는 무늬의 정체를 알게 해주려고 하는 것이 바로 문학이고, 사건의 시간적인 계기를 재료로 삼아 인간이 그리는 결의 정체를 알게 해주려고 하면 사학이 되며, 명증한 범주와 개념들로 세계를 포착하여 그것들의 관계 및 변화에 대한 분석을 통하여 인간의 동선을 알게 해주면 바로 철학이 되는 것이라고 한다. 그래서 우리가 인문학을 배우는 목적이 바로 인간이 그리는 무늬의 정체를 알기 위해서, 인간이 그리는 무늬의 정체를 독립적으로 알아내기 위해서라고 한다. 그리고 인문적 통찰을 하는 관건은 자기가 자기로 존재하는 일이라 한다. 이념이나 가치관이나 신념을 뚫고 이 세계에 자기 스스로 우뚝 서는 일, 이것이 바로 인문적 통찰을 얻는 중요한 기반이라고 한다. 그리고 마지막에 인문적 통찰은 보고 싶은 대로 보거나 봐야 하는 대로 보는 것이 아니라, 보이는 대로 볼 수 있는 능력이라고 한다. 나는 보고 싶은 대로만 보고 살아왔다. 그래서 대답은 잘하지만 질문을 할 줄 모르는 사람으로 길러졌고, 타조 잡는 방식으로 세상이 나를 잡을 수 있게 하여왔다. 이제는 나를 가두는 우리에서 벗어나 나의 개성과 내가 하고 싶은 것이 무엇인지 진지하게 생각하고 찾아봐야겠다. 우리의 삶은 연습으로 해서 다시 살 수 없기 때문이다. "'바람직한 일'보다는 '바라는 일'을 하고, '해야 하는 일'보다는 '하고 싶은 일'을 하며 '좋은 일'보다는 '좋아하는 일'을 해야 한다고 말합니다. 곧 보편적 이성에서 벗어나 개별적 욕망에 집중해야 멋대로 할 수 있고 멋대로 해야 잘할 수 있다.", "보고 싶은 대로 보거나 봐야 하는 대로 보는 것이 아니라, 보이는 대로 볼 수 있는 능력입니다."라는 말과 이 책 마지막에 다시 나오는 시 구절에 "살아라, 오늘이 마지막 날인 것처럼."은 내 마음을 깨운다. 그리고 나에게 이 책은 쓸데없이 너무 어려운 글이 많았다.

2021. 6. 20.

책 한 권 읽으면서

그녀는 과연
무슨 계획이었을까?

『그녀는 다 계획이 있다』 / 히가시노 게이고

이 책은 히가시노 게이고의 1985년 데뷔작 『방과 후』
로부터 4년 만인 1988년에 통산 일곱 번째로 발표한 소설이었다
는 것을 이 책을 다 읽고 마지막에 나오는 역자 후기에서 알게 되
었다. 처음 이 책을 서점에서 봤을 때는 작가 히가시노 게이고가
새로운 책을 발간한 것으로 착각했고, 이 책을 읽는 내내 옛날 소
설이었다는 거부감이 없었다. 그리고 컴패니언이라는 파티를 도
와주는 직업을 이 책을 통해 알게 되었고, 나는 나름 동경스러운
직업이라 생각했다. 소설 속 주인공인 교코는 컴패니언으로 더
풍요로운 삶을 살기 위한 신분 상승을 위해 왕자님을 찾고 있었
다. 그중 큰 부동산업사업장의 2인자를 좋아하게 되어 업무를 마

치고 그와 커피를 한잔하는 날 친한 직장동료가 죽는 사건이 발생한다. 그 죽음이 자살이 아닐 것이라는 생각으로 여러 가지 확인하는 과정에서 죽은 동료의 전 직장동료가 다시 살해되는 사건이 발생하고 점점 사건은 미궁으로 빠지게 된다. 결국 교코와 이웃 주민인 경찰 시바타가 합동으로 살인자를 찾아내고 사건의 진상을 밝히게 된다. 지금까지 읽었던 히가시노 게이고의 소설과 비교했을 때 초창기의 냄새가 나는 것은 어쩔 수 없다. 밀실의 트릭을 알아내는 것도 사실 조금은 싱거웠다. 그리고 죽은 애인을 위해 복수를 결심한 내용도 요즘의 시대상에 그렇게 공감되지는 않았다. 그래도 나름 편하게 읽을 수 있었던 장점은 분명 있었다. 소설 속에 나오는 추억의 카세트테이프나 LP판에 대한 내용도 그립게 느껴졌다. 마지막으로 이 책 제목에서 그녀는 무슨 계획이 있었는지 사실 나는 잘 모르겠다.

2021. 7. 1.

신은
정말 없을까?

『꼭두각시 살인사건』 / 다니엘 콜

　가슴에 '꼭두각시'라고 새긴 살인자가 가슴에 '미끼'라
고 새긴 피해자를 죽이는 사건이 발생한다. 미국에서 시작된 살
인사건이 영국에서도 '미끼'라고 새긴 피해자를 '꼭두각시'라고
새긴 살인자의 살인사건이 발생하고, 미국의 FBI 특별요원과 CIA
특별요원이 주인공 에밀리 백스터 경감을 찾아와서 봉제인형 살
인사건의 모방범이라고 하면서 같이 수사에 협조해 줄 것을 요
청하여 공조하게 된다. 이 소설은 전작인『봉제인형 살인사건』의
연속 시리즈물로 내용이 전작보다 더 흥미진진하게 진행되면서
책을 읽는 내내 긴장감을 놓을 수 없었다. 긴장감 넘치는 상황에
서도 웃을 수 있도록 만드는 작가만의 특유의 유머가 좋았고, 혼

자 킥킥대면서 웃다가도 주인공들의 슬픈 경험을 읽을 때에는 갑자기 눈물이 뚝뚝 떨어져 나도 모르게 당황하기도 하였다. 내용 중에는 잔인한 표현들도 많았지만 다니엘 콜만의 상상을 초월하는 사건 전개가 재미있었다. '신은 없다.' 첫 페이지를 읽고는 그냥 넘겼는데, 마지막까지 읽고는 첫 장으로 가서 다시 읽게 되었다. 마지막에 전작에서 사라진 애증의 동료가 나타나서 다음 시리즈를 기대하게 만든다.

2021. 7. 4.

책 한 권 읽으면서

옳은 일을 하는 것과
일을 옳게 하는 것

『불안한 사람들』 / 프레드릭 배크만

이 책의 작가는 『오베라는 남자』에서 이렇게 말했다. 자신이 틀렸다는 사실을 인정하기란 어렵다. 특히나 무척 오랫동안 틀린 채로 살아왔을 때는 더. 프레드릭 배크만의 소설을 모두 읽어본 개인적인 생각이지만, 그의 거의 모든 소설이 비슷하게 현재와 과거를 뒤죽박죽으로 나열하였던 것 같다. 그래서 이 소설이 그렇게 낯설지는 않았지만 읽는 내내 정신없이 내용을 따라가기에 급했었다. 현금이 없는 은행을 털려고 들어간 은행강도, 결국 실패하고 도망친 곳이 오픈하우스, 그곳을 구경하던 사람들이 인질이 되고, 작은 도시에 아빠와 아들 관계인 두 명의 경찰, 투신자살에 실패하고 자라서 심리상담사가 된 사람, 모든 주인공이 하나같이 어쩌다 어른인 사람들로 보인다. 서툰 은행강도에 똑똑한 인질들이 공짜 피자를 시켜서 먹기도 하고, 눈물 나는 서로의 인생을 이야기하기도 하면서, 정말 스톡홀름 증후군이 이렇게도 형성될 수 있겠다고 생각이 든다. 인질들 사이에 연대감이 생기고, 나이 차를 극복한 친구가 생기고, 냉혈적인 여자에게 그녀를 싫증 나도록 최선을 다할 작정인 남자가 생기기도 한다. 결국 은행강도가 인질을 무사히 풀어주었는지, 인질들이 무사히 은행강도를 풀어주었는지 애매한 사건해결과, 경찰이 바로 오픈하우스인 아파트에 들어갔지만 사라진 은행강도, 아들 경찰보다 지혜로운 아빠 경찰의 마음으로 결국 소설은 해피엔딩으로 끝난다. '선배는 경찰의 가장 중요한 원칙이 옳은 일을 하는 것이라고 생각하고, 후배는 일을 옳게 하는 것이라고 생각한다.'는 말이 내 마음을 울리게 했다. "코끼리를 먹으려면 어떻게 하면 되지?"라고 경찰이 되기 전 어린 시절 아들 경찰의 엄마가 물었을 때, "조금씩 천천히요"라고 경찰이 되기 전 어린 시절 아들 경찰이 대답한다. 맞다. 나는 생각도 못 했다. '천천히'라는 것을. 우리는 세상을 바꿀 수 없어. 심지어 사람조차 바꿀 수 없을 때도 많지. '조금씩 천천히'가 아닌 이상. 그러니까 기회가 생길 때마다 어떻게든 도우면 돼. 살릴 수 있는 사람을 살리면서. 최선을 다해. 그런 다음…. 그걸로 충분하다고 수긍하고 넘어갈 방법을 찾으려고 노력해야지. 실패하더라도 그 안에 매몰되지 않게. 그렇다 수긍하고 넘어갈 방법을 나도 이제는 찾으려 노력해 봐야겠다. 매몰되지 않도록 말이다. 마지막에 은행강도는 인질들이 거짓말을 안 해도 되도록 행동한다. 어떻게 그런 생각을 할 수 있었을까. 나는 짐작조차 하지 못했다. 정말 대단하다고 말하지 않을 수 없다. 『인간이 그린 무늬』라는 책에서 '하고 싶은 말을 안 할 수 있는 힘'이라는 말이 나오는데 은행강도가 그 어려운 것을 그렇게 쉽게 해내는 것을 보고 나는 또 하나를 배울 수 있었다. 이 책은 작가가 예전에 당했던 사건에서 착안했고, 심리상담은 본인의 경험을 토대로 한 것이라는 점에서 소설 속에 나오는 상담받던 장면을 떠올리며 묘한 매력을 느꼈다. 그래서인지 나는 이 작가가 가진 특유의 유머를 너무 좋아한다. '조금씩 천천히' 즐길 수 있어서 말이다.

2021. 7. 14.

내 생각이
틀릴 수도 있다

『어떻게 사람의 마음을 얻을 것인가』 / 이철환

　이 책 앞표지에 그려진 어릿광대의 그림은 나에게 강렬한 인상을 주었다. 어릿광대의 얼굴은 웃는 얼굴도, 우는 얼굴도 아닌 것처럼 보이는데, 나에게는 이러지도 저러지도 못하는 듯 갈팡질팡하는 모습처럼 보였다. 이 책을 읽은 후 내 생각도 비슷했다. 첫 장에 나오는 「삶의 모순 앞에서」라는 부분에서 반지하에서 자기를 보호하기 위한 창살이 자기를 죽일 수 있는 창살로 바뀔 수 있다는 것과 인도에서 자기가 만든 종이배를 벼룩시장에서 팔기 위해 나온 어린 소녀를 위해 적지 않은 돈을 주고 종이배를 산 시인의 이야기에서 어린 소녀는 아무도 사지 않을 종이배를 사줌으로 지금은 힘들지만 나중에 자라서 시인의 사랑이었다는 것을 미리 알려줘야 하는지, 아니면 세상은 어려운 곳이라는 것을 미리 알려줘서 더 이상 종이배는 팔리지 않을 것을 말해줘야 하는지 미래에 대한 것을 아무도 모르니 짐작해서 말할 수 없음을 나는 느꼈다. 그래서 작가가 말하고 싶은 『어떻게 사람의 마음을 얻을 것인가』는 작가의 의도처럼 인간의 본성과 인간의 감정에 대한 깊은 통찰과 함께 내 생각이 틀릴 수도 있다는 것을 마음속으로 인정해야 한다는 것이 중요하다고 그것이 사람의 마음을 얻을 수 있는 것이 아닌가 생각하게 되었다. 이 책에는 정말 수많은 명사들의 명언들이 나오지만, 나의 개인적인 생각으로는 "내 생각이 틀릴 수도 있다."라는 말이 가장 명심해야 하는 최고의 명언이라고 생각한다.

2021. 7. 30.

어쩌다 또는 어떻게든
연결되어 있다

『목 부러뜨리는 남자를 위한 협주곡』 / 이사카 고타로

작가 이사카 고타로의 장편소설을 기대하고 있을 때 내가 못 본 책이라 새로웠다. 이 책은 장편소설이 아니라 단편소설 7편으로 구성된 책이다. 「목 부러뜨리는 남자의 주변」, 「누명 이야기」, 「나의 배」, 「사람답게」, 「월요일에서 벗어나」, 「측근 이야기」, 「미팅 이야기」로 구성되어 있다. 놀랍게도 작가는 첫 페이지에서 "인간의 목은 이『목 부러뜨리는 남자를 위한 협주곡』에 수록된 이야기 수와 같은 일곱 개의 목뼈로 지탱된다."라고 설명한다. 약간 으스스하기도 하고, 그만의 위트가 느껴진다. 이야기는 각각의 주제에 따른 내용인데, 어쩌다 또는 어떻게든 연결되어 있다. 다 읽고 나면 마지막 편 이야기부터 읽어서 거꾸로 읽어도 재미있었을 것

같다. 서로 닮았지만 완전 다른 성격의 남자들 이야기인 목 부러뜨리는 남자가 괴롭힘당하는 소년에게 그는 캐치볼 하자고 약속했던 어른이 약속을 어긴 것을 말해주는데 자기는 그러지 않겠다고 힘을 불어넣어 주는 장면, 아들을 죽인 사람을 죽인 아버지가 도움을 받는 남자가 그 캐치볼 약속을 기다린 남자였고, 중간중간 연결 장치가 책을 다 읽고 나면 알게 된다는 것도 하나의 재미있는 장면이었다. "가령 짜증 내는 사람이 많을 때, 누가 불평하기 시작하면 다른 사람들은 더는 불평하지 않습니다. 그런 경우가 많아요. 타인의 분노에 편승하는 사람도 있지만 기본적으로는 반대로 냉정해지는 법이죠."라는 말에도 공감이 되었다. "옛날에 본 육상 선수 칼 루이스의 100미터 달리기는 거의 10초밖에 안 됐지만 지금도 똑똑히 기억해. 추억은 시간하고는 별 상관없어." 그렇다. 찰나의 순간이라도 그 추억은 영원할 수 있다. 추억은 시간과는 무관한 것 같다. "내가 만일 상대의 입장이었다면 옳은 일을 할 수 있었을까? 나라면 가능했다고 생각한다면 철저하게 비판해도 돼. 다만 같은 입장이었다면 나도 똑같았을지 모른다고 느낀다면 비판도 꾹 참아야 해." 비판을 위한 비판을 하면 안 된다. 나도 같은 사람이라고 생각한다. "사람은 저마다 주어진 악보를 필사적으로 연주하는 것밖에 모르고, 그럴 수밖에 없다. 옆의 악보를 훔쳐볼 여유도 없다. 자기 악보를 연주하면서 남도 제대로 연주하기를 바랄 뿐이다." 세상은 정말 여유가 없다. 앞만 보고 살기도 버겁다.

2021. 8. 16.

그의 눈을
똑바로 응시해 봐

『데미안』 / 헤르만 헤세

❝

　　회사의 독서모임에서 추천한 헤르만 헤세의 『데미안』, 이 책에서 가장 유명한 말이 있다. "새는 알을 깨고 나온다. 알은 곧 세계다. 태어나고자 하는 자는 하나의 세계를 파괴하지 않으면 안 된다. 그 새는 신을 향해 날아간다. 그 신의 이름은 아브락사스다." 책 제목『데미안』은 주인공인 싱클레어의 친구 이름이다. 어릴 적 싱클레어는 불량친구 프란츠 크로머에게 자기 과시를 하기 위해 과수원에서 사과를 훔친 일을 자랑하다 크로머에게 오히려 신고하겠다고 협박을 당하고 괴롭힘을 당한다. 우연히 알게 된 친구 데미안이 더 이상 괴롭히지 않도록 해결해 준다. 그렇게 데미안을 알게 되고 카인을 알게 되고 카인의 표식을 알게 된다. 자기가 사랑하는 여인의 그림에서 데미안과 데미안의 어머니 에바 부인의 얼굴을 발견하게 된다. 그리고 음악가 피스토리우스에게서 아브락사스에 대해 듣는다. 에바 부인을 사랑하게 되고 전쟁에 참여하여 부상을 당하게 된다. 병상에 찾아온 데미안, 그곳에서 자신의 모습을 발견하면서 내용은 끝난다. 나의 개인적인 생각은 나를 잃어버린, 나를 찾는 여정의 성장소설로 느껴졌다. 모자란 내가 느낀 감정은 그것이 다였다. 어릴 적 들었던 거장 헤르만 헤세의『데미안』이라는 소설을 지금 읽어본 느낌은 그냥 그랬다. 그중에서 공감이 되는 말이 있었다. "만약 내가 누군가에 대해 무엇을 이루려 할 때 그의 눈을 똑바로 응시해 봐. 그때 그가 조금도 흔들리지 않는다면 그 일을 단념하는 편이 좋아. 그 사람에게서는 아무것도 성취할 수 없으니까 말이야."라고 데미안이 주인공에게 했던 말도 인상 깊다. 음악가 피스토리우스가 싱클레어에게 "우리가 어떤 사람을 미워한다고 하는 것은 그 형상 속에서 우리들 자신의 내면에 숨어 있는 그 무엇인가를 발견하고 그것을 미워하게 되는 것이오."와 "다수가 가는 길은 편하지만 우리들의 길은 힘든 거요. 그래도 우리는 우리의 길을 갑시다." 자살을 생각했던 친구에게 해준 말도 좋았다. "우리들은 인간이야. 우리는 여러 신을 만들어내고, 그들과 더불어 싸우고, 신은 우리를 축복해 주는 거야." 이렇게 표현해 보니 좋은 말들이 많았구나 싶다.

2021. 8. 26.

내 삶을 살자
유쾌 발랄하게

『미래』 / 미나토 가나에

　미나토 가나에의 예전 작품 중 『고백』과 『백설공주 살 인 사건』이 생각나게 하는 작품이다. '미래'라는 제목으로 무슨 내용의 소설일까? 하고 많은 기대를 하면서 읽기 시작하였다. 그 러나 책을 읽을수록 소설에 빠져들게 되고 세상은 정말 무서운 곳이구나, 나는 평범한 가정에서 정말 다행으로 평범하게 자랐 구나. 그리고 내 아이들도 어긋나지 않은 평범한 삶을 살아와서 잘 컸구나 하고 얼마나 기쁘게 생각되었는지 모르겠다. 이 작품 에는 왕따와 가정폭력과 일어날 수 있는 모든 악행들이 나온다. 그래서 읽으면서 많이 힘들었지만, 미래의 나에게서 온 편지라 는 이야기의 시작에서 흥미로움을 느껴서 끝까지 읽을 수 있었던 것 같다. 과연 미래에서 온 편지가 힘이 되어 주인공이 존버(존나 게 버티기)를 할 수 있었을 듯도 하다. 주인공은 여러 명이나 나에 게는 아키코와 아리사, 미쥬와 히구치, 그리고 시노미야 선생님 이라 생각된다. 각각의 에피소드로 구성되어 이야기가 진행되지 만, 결코 서로 다르지 않았다. 엄마가 아파서 가끔 인형이 되어버 리면 파파가 모든 것을 처리하는 아키코 가족이야기와 미소년 같 은 남동생을 지키고 싶었던 아리사의 가족이야기, 미쥬를 지키고 싶어 불을 지르는 히구치를 오히려 미쥬가 지켜주고, 옆에서 아 무도 모르게 아키코와 아리사를 도와주는 시노미야 선생님 이야 기가 서로 연결된다. 세상에는 언제나 나쁜 사람과 그 나쁜 사람 에게서 사랑하는 사람을 지키려는 사람들이 투쟁하면서 살아가 는 것 같다. 아키코의 파파가 말한다. 산타는 산타를 믿는 아이의 집에만 온다고, 그리고 시노미야 선생님은 말한다. 상대가 바라 지 않은 선의는 그저 참견이라고. 그리고 "사람은 기대하니까 실 망한다. 그러니 실망시킨 상대보다 기대한 자기가 잘못이다."라 고 한다. 그러나 자기 엄마에게는 이렇게 말한다. "이 사람에게는 기대하지 않아도 실망한다." 정말 나의 주변에도 그런 사람이 있 다. 기대하지 않아도 실망되는 사람이. 그러니 내 삶을 살자. '유 쾌 발랄'하게.

2021. 9. 2.

사랑의 반대말은

『작열』 / 아키요시 라카코

　'남편의 복수를 위해 얼굴을 고치고 살인자의 아내가 되었다.'라는 표지의 문장을 보고 이 책을 선택했다. 너무 강렬해서 과연 나도 그렇게 할 수 있었을까? 라고 생각하면서 내용이 너무 궁금했다. 이 작가의 책은 처음이라 사실 검증이 필요했으나, 나름 이 책으로 일부 판단을 해서 10점 만점에 8점을 주었다. 한 가지 단점으로 해결되지 않은 남편 죽음의 진실이 나에겐 아쉬운 점이었다. 소설이 시작되고 엄청난 속도로 이야기가 진행되어 마지막 쪽을 향해 질주하지만, 결국 반전과 함께 사랑에 대한 생각을 하게 되었다. 이 책을 읽으면서 영화『올드보이』처럼 누군가를 가식 없이 사랑하게 되면 그 사람이 누구였는지가 중요하지 않게 되는 부분이 비슷하다고 생각하였다. 두 살 때 어머니가 병으로 돌아가시고, 초등학교 5학년 때 뺑소니로 아버지까지 돌아가시면서 홀로 남아 악착같이 살아온 여주인공 사키코는 우여곡절 끝에 다다토키를 만나 결혼을 한다. 그러나 행복도 잠시, 남편 다다토키가 죽게 되고, 용의자로 의사 히데오가 잡혔으나 무죄로 석방된다. 살인자로 믿고 있던 히데오가 풀려나 자살을 시도하지만 자살에 실패하고 복수할 계획을 세우는 사키코, 얼굴을 성형하고 새롭게 태어난 사키고는 히데오를 속여 결혼하여 복수를 꿈꾼다. 그러나 마지막 반전이 기다린다. 정말 질주하듯이 이 책을 읽었다. 나는 다시 알게 되었다. 사랑의 반대말은 미움이 아니라 무관심이라는 것을. 미움도 결국에 사랑이 될 수 있다는 것을.

2021. 9. 2.

호흡하는 것만으로도
기적인데

『우리 집 비밀』 / 오쿠다 히데오

　작가 오쿠다 히데오의 유머가 좋아서 보자마자 바로
선택한 책이었다. 그런데 이번 오쿠다 히데오 작가의 책은 차분
한 일상생활 속에서 느낄 수 있는 소소하고 따뜻함이 있었다. 총
6장의 에피소드로 「충치와 피아니스트」, 「마사오의 가을」, 「안나
의 12월」, 「편지에 실어」, 「임산부와 옆집 부부」, 그리고 「아내와
선거」로 이루어진 책이다. 첫 장의 피아니스트의 열열한 팬으로
치과에 근무하는 사무원 아쓰미의 비밀스러운 팬활동이 재미있
었다. 나도 내가 좋아하는 연예인 등 남들이 모르는 비밀스러운
내용을 알게 되면 일상이 재미있고 신비로울 듯하다. 그리고 승
진자리를 경쟁 중인 입사동기가 차지하고 이제 은퇴를 생각해야

하는 직장인으로서의 마음을 표현한 「마사오의 가을」 이야기는 최근 승진시험에서 떨어진 나의 마음이 고스란히 드러나서 공감되었다. 자신의 출생의 비밀로 유명 인사인 친아빠를 알게 된 여자 고등학생의 사춘기적인 마음을 표현한 「안나의 12월」, 엄마의 죽음으로 아빠의 허망한 마음을 달래주고, 아빠의 늦깎이 편지 친구가 된 아들 직장의 부장님과 아빠 이야기를 다룬 「편지에 실어」도 따뜻한 느낌이 좋았다. 임산부의 아무 일도 일어나지 않던 일상생활에 새롭게 이사 온 옆집 사람으로 스릴감 넘치는 나날을 보내는 임산부 이야기. 그리고 마지막으로 소설가의 아내로 살다가 시민단체를 대표해서 시의원으로 출마해 보고 싶어 하는 엄마의 이야기가 재미있었다. 작가는 '사람은 호흡하는 것만으로도 기적인데, 하물며 옷을 입고 밥을 먹고 사랑을 하고 피아노를 치다니.', '나이 든 사람과 젊은이는 눈에 비치는 풍경이 다르다는 뜻이야.'라고 한다. 그렇다. 나도 지금부터 호흡하는 기적과 세월의 흐름에 따라 비치는 풍경을 즐기면서 살아야겠다. 욕심을 많이는 부리지 말고 말이다. ㅋㅋㅋ….

2021. 9. 10.

절대로
절대적이지 않기 때문에

『절대정의』 / 아키요시 라카코

　자극적인 책 제목에 이끌렸다. 『절대정의』라니. 『작열』
이라는 소설을 읽고 작가의 다른 책은 무엇이 있나 하고 찾아보
다가 알게 된 책, 『절대정의』. 세상에 절대라는 말을 붙이는 것은
과연 모든 상황에서도 절대적일까? 책 내용에는 정의를 숭배하
고, 정의만이 절대적 가치라는 생각으로 사는 여자 노리코가 고
등학교 여자친구들 4명에게 미치는 영향을 보여주고 있다. 소설
초반에 노리코의 엄마가 엄격하게 훈육하여 노리코가 반박하기
도 했지만 통금시간이 넘었는데도 돌아오지 않는 노리코를 찾으
러 엄마가 나갔다가 음주운전 사고로 죽게 되고, 그걸 어긴 자신
때문에 엄마가 죽었다고 후회하면서 노리코 역시 잘못된 것을 철

저하게 증오하게 되었다고 간단히 설명하고 시작한다. 가볍게 넘긴 이 내용이 이 소설 마지막에 뒤통수를 때린다. 노리코의 절대정의라는 이유로 철저하게 유린당하는 4명의 친구들 그들이 선택한 것은 결국 노리코의 죽음이었다. 그리고 노리코의 그 유전자는 그녀의 딸에게 넘겨진다. 아마 노리코도 사춘기 시절에 혹독한 엄마에게서 벗어나려고 했던 게 아니었을까. 그러나 난 법이 절대정의라고 생각하지 않는다. 법은 최소한의 사회규범이어야 한다. 법으로 규정해서 모든 사람들을 잠재적인 범법자로 만들면 안 된다. 그래서 이 소설처럼 절대정의가 법으로 국한되어서는 안 된다. 그래서 법원이 있고, 개별적 법률 위에 헌법이 있다. 개별 법률과 헌법 사이의 법질서가 있고, 그 법질서를 거스를 수 없다. 그런 면에서 이 소설에 국한된 법률지식으로 절대정의를 표현하는 데는 한계가 있다. 그래서 소설을 읽는 내내 불편함을 감출 수 없었다. 소설은 소설로 읽어야 하지만, 나도 모르게 소설 속 인물들이 느끼는 증오에 동화되기도 했기에 이렇게 표현하지 싶다. '절대'라는 말이 무섭다. 절대로 절대적이지 않기 때문이고, 모두 주관적이기 때문이다.

2021. 9. 13.

신은 사람에게
망각이라는 축복을 주셨다

『리버스』 / 미나토 가나에

　어느 날 '당신은 살인자다.'라는 편지를 받는다. 소설은 이렇게 시작한다. 느닷없이, 갑자기 이런 편지를 받는다면 어떤 생각이 들까? 이제까지 살아온 그동안의 삶을 다시 돌아보고 나로 인해 발생된 죽음이 있었던가 하고 생각하게 될 것이다. 만약 그런 일이 있었다면 소름이 끼칠 것이다. 그렇지 않다 하더라도 뭔지 모를 불안감과 함께 누군가가 나에게 이런 장난 같은 협박을 하는 것 같아 섬뜩한 생각이 들 것이다. 내가 받았다면 그냥 웃으면서 장난편지라고 생각하지는 않을 것 같다. 소설 속 주인공 후카세 가즈히사는 이 편지로 여자친구와도 멀어지고 많지 않은 친구 3명도 같은 편지를 받았다는 걸 알게 된다. 심지어 그

중 한 명을 누군가가 지하철도에 밀어 떨어뜨려 죽이려 했다. 주인공 후카세는 편지를 보낸 범인이 누군지 찾기 시작했다. 산중 빗길에서 차 사고로 죽은 친구의 어린 시절부터 조사하기 시작하고, 죽은 친구에게 여자친구가 있었음을 알게 된다. 물론 편지를 보낸 사람은 그 여자친구였고 그 여자친구가 주인공을 포함한 3명의 친구들과 모두 관계되어 있음을 알게 된다. 차 사고로 죽은 친구는 빗길 운전에 능숙하지 않은 운전 실력도 음주운전에 따른 사고도 아니었음을 알게 된다. 누구에게 어떤 알레르기가 있는지 모른다. 그러나 그것으로 그 사람이 죽었다면 과연 그것을 모르고 준 사람이 그 사실을 알게 되면 어떤 느낌일까? 주체하기 힘들 것이다. 잊을 수도 없을 것 같다. 『절대정의』를 읽고 나서 읽은 책이지만 『절대정의』의 입장에서 보면 잘못이 아닐 것이라 생각한다. 『절대정의』의 주인공 노리코는 냉정하게 잊고 살아갈 것 같은 생각도 든다. 신은 사람에게 망각이라는 축복을 주셨기에 다행이라 생각한다. 나도 기회가 되면 따뜻한 커피에 메밀 꿀을 타서 먹어보고 싶다.

2021. 9. 28.

아마도 딱
그 정도의 거리감

『아재니까 아프다』 / A저씨

66

　　잔잔한 일상생활 속 이야기 중 아재에 대한 이야기. 이제 나이가 중년을 넘어서고 보니 나도 아재로 공감되는 이야기이다. 건강 이야기, 아픈 이야기가 주로 나오지만 딱히 다른 나라 세상 이야기처럼 보이지 않는다. 이렇게 잔잔한 이야기를 재미있게 술술 풀어내는 것도 작가의 실력이리라. 자전거를 타면서 발견한 것들에서 가까이 있는 우리 동네도 천천히 돌면 여행이 될 수 있다는 걸 나도 느꼈다. "아마도 딱 그 정도의 거리감이기에. 추억의 파편이 추억인 채로 남아 있기에. 즐거운 마음으로 바라볼 수 있는 것 아닐까."라는 말에 무척이나 공감되었다. 이발소에 대한 이야기 중에서는 나도 작가와 같은 분함을 느낀 적이 있어

하나의 같은 추억이라고 생각했다. 그렇게 지키고 싶은 어릴 적 앞머리카락, 내 의사와는 달리 싹뚝 잘라버리면 그렇게 서럽고 화가 났었는데…. 그것을 다시 한 달을 족히 참아야 다시 비슷하게 돌아오니 말이다. 어릴 적 이발소에서 해주던 거품 면도가 생각난다. 나도 거품으로 하는 면도는 받아본 적이 없었구나. 기회가 된다면 한번 받아보고 싶다. '업력이란 그냥 쌓이는 것이 아니라 그 시간을 생존해 낼 자신들만의 무언가가 있기 때문에 쌓이는 것이기 때문이다.' 그렇다. 난 나만의 업력이 있을까? 제3자가 나를 본다면 하나쯤 찾아줄 수도 있지 않을까 싶다.

2021. 10. 8.

나는 찾았으면 좋겠다

『회사 가기 싫으면 뭐 하고 싶은데?』 / 생강

　　작가의 일상생활, 두 번의 직장생활, 한 번의 발리여행 이야기, 백수 이야기, 그리고 작가가 되는 이야기이다. 평범하게 학교생활을 했고, 남들 가는 대학교를 나와 자기가 무엇을 잘하고 무엇을 하고 싶은지도 모르는 사이 사회인으로 자라 남들처럼 직장인이 되기 위해 고군분투하여 직장에 들어갔지만, 내게 맞지 않은 직장일로 병가를 내고 회복해서 나에게 맞는 회사를 찾아 새로운 직장으로 이직했지만 그곳마저 내가 좋아하는 일이 아니었다는 것을 알게 되고, 발리에 있는 전통치료사를 무작정 찾아가서 지낸 두 달의 생활, 그 후 혼자서 할 수 있는 그것도 잘할 수 있는 일이 작가라는 것을 깨닫는 여정의 글이다. "역시 좋아하는 일을 하고 싶어."라는 작가의 말처럼 나도 내가 좋아하는 일을 하고 싶다. 그런데 역시 난 내가 무엇을 좋아하는지도 모른다. 무엇을 잘하는지도 모른다. 그냥 단지 하루하루를 살고 있는 것 같다. 이제 나도 정년이 10년밖에 남지 않았다. 그사이 나는 찾았으면 좋겠다. 내가 좋아하고 잘하는 일을 말이다.

2021. 10. 13.

실수와 실패의 연속

『속죄』 / 미나토 가나에

　공기가 맑은 시골에서 같이 놀던 5명의 초등학교 4학년 여자아이들 중 1명이 끔찍하게 죽임을 당하는 사건이 일어난다. 같이 놀던 네 소녀는 살인범의 얼굴을 기억하지 못하고 범인은 잡히지 않는다. 사건이 나고 3년 후 죽은 아이의 엄마는 남은 4명의 소녀에게 말한다. "난 너희들을 절대로 용서 못 해. 공소시효가 끝나기 전에 범인을 찾아내. 그렇게 못 하겠으면 내가 납득할 수 있게 속죄를 하라고. 그것도 안 하면 난 너희들에게 복수할 거야." 그렇게 4명의 소녀들은 세월이 지나 성인으로 성장하면서 각자 다른 방향으로 자라게 된다. 어린 시절의 사건이 그들의 삶에 어떻게든 영향을 미치게 되어 좋지 않은 결과가 된다. 누구나 실수와 실패를 할 수 있다. 그렇다. 실수와 실패를 했다 해서 나머지 삶도 실수와 실패의 연속이어서는 안 된다. 그럼에도 좋아질 수 있어야 한다. 물론 어렵겠지만 극복할 수 있어야 하지 않을까. 이 소설의 결말을 보면 그래도 배구연습으로 100번을 채우기 위해 다시 초등학교를 찾은 소녀였던 두 사람. 다행이라고, 그래도 조금의 밝은 부분을 보여준 작가에게 고마움을 느꼈다. 내용 중에서 시골 출신들의 철칙이라는 글이 기억에 남는다. "손을 뻗어 닿을 수 있는 건 부러워해도 되지만, 그렇지 않은 건 아예 무시할 것."

2021. 10. 15.

구별되지 않으면
차별받지도 않을 것이다

『날씨와 사랑』 / 장은진

　　주인공 해주는 아버지와 엄마 그리고 동생 영주와 장갑
을 만들어 생활하다가, 어느 날 엄마가 도시락을 해놓고 집을 나
간다. 그래서 엄마를 찾아다니는 아버지와 방황하는 영주를 대신
해서 혼자 장갑공장이자 집을 꾸려 나간다. 장갑공장이자 집에는
목공장을 하는 재하 오빠가 있고, 그 앞에 있는 광장에는 날씨와
상관없이 우산 하나는 펴서 들고 하나는 왼손에 지팡이처럼 쥐고
돌아다니는, 이제는 광장의 그저 하나의 구조물이 된 '우산씨'가
있다. 어렵게 하루하루를 버티고 있는 해주는 창문에 대한 묘한
정서로 사막을 빠져나오는 시간을 가지고 그러다 우산씨와 친해
지고 이런 해주를 좋아하는 재하는 질투를 한다. 장갑공장이 도시

의 흉물이 되어버려 주민들과 구청으로부터 지탄의 대상이 되어 도로가 될 안내장을 받는다. 불행은 외로운 걸 싫어해서 혼자 오지 않는다는 말에 공감한다. 그런 와중에 집 나간 지 삼십 년 만에 돌아온 엄마는 한 줌의 재로 변해서 돌아오고 그렇게 모르는 사람에게서 엄마의 삼십 년을 듣게 된다. 그러나 엄마의 삼십 년 그 덕분에 장갑공장의 빚을 일부 갚고 공장이자 집을 이전할 수 있게 된다. 우산씨가 평범하고 자연스럽게 되기 위해서는 '구별되지 않으면 차별받지도 않을 것이다. 그러니 비가 오면 좋겠다.'라고 해주는 생각한다. 우산씨는 힘들게 살아가는 사람에게만 보이는 유령이지 않을까 하니 아버지도 우산씨가 보인다고 한다. 전체적으로 우울한 내용 중에서도 이렇게 실없이 웃게 만드는 매력도 있다. "일관되게 행복할 수도 있잖아. TV를 봐. 그건 연기야." 일관되게 행복하면 정말 행복이라고 느껴질까? 라고 의구심이 든다. "우리는 행복해질까요? 행복해질, 겁니다. 언제요? 내일." 내일은 사전적인 말도 오늘의 다음 날이지만 다른 의미로 미래 또는 훗날이라는 의미도 있다. 우리는 내일 행복해질 것이다.

2021. 10. 19.

정의는 과연
누가 정의할 수 있을까?

『백조와 박쥐』 / 히가시노 게이고

　이 책은 히가시노 게이고가 작가 생활 35주년을 기념하여 2021년 4월에 발표한 작품이다. 일본 도교 해안 길가에 방치된 차량의 뒷좌석에서 한 남자가 복부에 칼이 박힌 사체로 발견된다. 55세의 변호사였다. 항상 약자의 편에 서고, 의뢰인의 감형만이 아니라 스스로 죄를 깨닫도록 설득하며 상대측의 입장도 헤아리는 공정하고 양심적인 변호사였다. 사건을 해결하기 위한 형사와 살인자라고 자백한 사람, 그리고 살인자의 아들과 살해당한 변호사의 딸, 이들이 살인을 자백한 사실이 과연 진실인지 옛날에 일어난 살인사건부터 다시 파헤친다. 그러다 알게 된 33년 전 살인사건의 누명을 쓰고 자살한 사람의 부인과 딸의 이야기,

이렇게 얽히고설킨 이야기들. 다소 나에겐 지루하게 진행된 소설이다. 물론 반전이 있었지만 무조건 반전이 있을 수밖에 없겠다 싶은 진행들이 지루하게 만들었다. 조금은 실망이다. 죄와 벌을 나타내려고 제목을 『백조와 박쥐』로 했다면 그것도 실망이다. 백조와 박쥐는 엄연히 다르게 보이기 때문이다. 차라리 흑과 백이 더 어울려 보인다. 옮긴이의 말에서 "선의에서 행한 일이 본의 아니게 매우 나쁜 결과로 나타나는 것처럼 딱한 일도 없다."라는 말에 공감한다. 정의는 과연 누가 정의할 수 있을까? 그렇게 정의 내려진 정의도 언젠가는 바꿀 수 있지 않을까? 누가 뭐라고 해도 행복하게 살자. 주위에서 내 삶을 살아주진 않는다. 내가 사는 삶이고 난 충분히 행복하게 살 수 있다.

2021. 11. 8.

인간은 누구나 똑같다

『모든 비밀에는 이름이 있다』 / 서미애

　'서미애'라는 작가의 책은 처음 접했다. 1장에서 왕따를 당하던 여자 중학생이 가출하려다 같은 학교 학생들에게 죽임을 당하고 죽인 아이들이 시체를 매장하는 이야기부터 시작한다. 그래서 학생들의 왕따에 대한 이야기를 하는가 했더니 2장에서 새엄마와 같이 사는 여자아이 하영이가 새엄마와 관계형성 이전에 집에 침입한 살인자를 칼로 찔러 죽이는 사건으로 관계는 더 어려워지고 중학생으로 자라면서 새엄마는 임신을 하고 의사인 아빠는 자기 의사와 상관없이 서울에서 강릉으로 이사하겠다고 선포한다. 그리고 이사한 강릉에서 1장에서 살해된 여중생은 여전히 가출한 여중생으로 되어 있는 중학교로 전학한 하영이는 우여곡절 끝에 왕따로 인한 살인사건의 전모를 알게 되고 해결하려는 과정에서 어린 시절 잊고 있었던 친엄마의 죽음의 원인이 아빠에게 모든 책임이 있었다는 것을 기억하게 된다. 잘못하면 임신한 새엄마의 생명도 위험하다는 것을 느끼고 아빠에게서 탈출하게 된다. 1장의 살인사건 이후 2장에서는 배경이나 상황설명으로 지루했었으나 이사한 시점부터 급격하게 진행되다 보니 금방 다 읽어버렸다. 새 가정을 꾸며서 임신까지 한 새엄마 선영이 범죄심리학자였음에도 남편에게 가스라이팅을 당하고 있는 부분에서는 정말 답답하게 느껴졌다. 전지적 관찰시점이라서 그렇게 느낄 수도 있겠다 싶기도 하지만 사실 화가 날 것 같은 느낌이었다. 그래도 잘 해결되었다가 아니라 앞으로 잘될 것 같은 기대감으로 끝맺음을 해서 좋았다. "인간은 누구나 똑같다. 발끝에는 검고 긴 그림자를 늘 어뜨리고 있다." 유독 이 말이 계속 내 머릿속에 남는다.

2021.11.10.

지금 행복할 수 있는 걸
선택하면

『아무것도 아닌 지금은 없다』 / 글배우

　　모처럼 편안하게 읽은 에세이였다. 나도 평소에는 생각 없이 살고 있다고 생각했는데 지금 생각해 보면 많은 생각을 하면서 살고 있구나 싶다. 꼭 해결해야만 하는 생각도 있겠지만, 해결하지 않아도 되는 생각, 그러나 계속 마음에 두고 계속 생각을 하고 있는 생각, 별로 생각하고 싶지 않지만 언제나 한 번씩 튀어나오는 생각, 내가 어쩔 수 없는 생각, 어떻게 할 수 있지만 하지 말자고 하는 생각, '그럼에도 불구하고' 해야만 하는 생각, 무수히 많은 생각들이 매 순간 머리에서 돌아다닌다. 그렇게 또 하루하루를 버티고 있는 것일지도 모른다. 작가는 말한다. "그러나 지금 행복할 수 있는 걸 선택하면 삶에서 지금 행복 하나는 지킬 수 있어요.

그렇게 지금 행복할 수 있는 걸 선택해 나가면 돼요. 삶은 계속해서 지금이기에."라고, "삶에는 고난도 있고 시련도 있지만, 그 많은 순간을 버텨낸 너에겐 감동이 있다." 이 말은 잔잔하게 내 가슴의 감동이었다. 그리고 부모님에게도 꿈이 있으셨지만 이제는 꿈을 꾸지 않으시고 그 대신 저희를 꿈처럼 바라보신다고 그러니 나는 쓸데없는 사람이 아니라 부모님의 꿈이기에 소중한 사람이라고 말한다. 애잔하기도 한 이 말에 눈물이 고인다. "감사합니다. 어머니, 아버지, 늘 건강하게 즐겁게 사세요." 그러니 아무것도 아닌 지금은 없다는 게 맞는 말이라 생각한다.

2021. 11. 16.

우리가 아무것도
하지 않았기 때문이다

『당신의 별이 사라지던 밤』 / 서미애

　이 책은 내가 읽은 서미애 작가의 두 번째 소설이다. 처음보다 더 강렬하게 느껴지는 이야기였다. 소설의 시작부터 아내가 자살하는 내용이 너무 강렬했고, 왜 아내가 자살을 하게 되었는지도 조금은 아주 조금은 느낄 수 있었다. 3년 전 사랑스러운 딸의 죽음이 연결되어 있었고, 그 죽음의 모르고 있던 실체를 알기 위해 아빠 우진은 생업을 포기하고 다시 원점에서 출발해서 조사하기 시작한다. 매번 느끼는 것이지만 왜 인간은 서로 배려하고 아끼고 살지 않고, 서로를 죽이고 차별하며 살아갈까? 처음에는 외부의 두려움으로 서로를 지키면서 살지만 나중으로 갈수록 외부의 적과는 상관없이 내부의 적이 더 무서워질까? 그 내부에 계급이 생기고 그 계급의 높낮이로 삶과 죽음의 무게는 달라질까? 소설에서 딸의 죽음을 조사하고 지휘하는 검사가 그렇고 인맥에 의한 판사가 그렇고 사회는 왜 지옥으로 내달릴까? "우리가 사는 이곳이 지옥이 된 이유는 악마들이 나쁜 짓을 해서가 아니라 우리가 아무것도 하지 않았기 때문이다."라고 작가는 말한다. 그 말에 진심으로 공감한다.

2021. 11. 17.

상처가
괴물을 만든다

『잘 자요, 엄마』 / 서미애

　『모든 비밀에는 이름이 있다』라는 소설을 먼저 읽어서 그랬는지『잘 자요, 엄마』라는 작품을 읽으면서 혹시, 혹시 했었다. 맞다, 이 책『잘 자요, 엄마』의 후속작이『모든 비밀에는 이름이 있다』였다. 그래서 1편을 읽기 전에 2편을 읽어서 이미 어느 정도 내용을 예견하고 있는 자신을 문득문득 깨닫고 있었다. 그럼에도 불구하고 내용은 재미있었다. 괴물들이 탄생하게 되는 배경과 성장과정이 보였기 때문이었을까, 조금씩 공감되었다. 선경과 남편의 전처 사이의 딸 하영, 선경과 연쇄살인자 이병도의 관계가 서로 연계되고 동화되는 느낌이었다. 태어날 때부터 엄마를 잃어버린 새끼 원숭이에게 철사로 된 몸에 우유병만 달린 엄마

원숭이와 우유병은 없지만 부드럽고 따뜻한 털을 가진 엄마 원숭이를 만들어 주면 새끼 원숭이는 어떤 선택을 할까? 새끼 원숭이는 배고플 때만 철사 엄마에게 나머지 시간에는 따뜻한 털 엄마에게 안겨 있었다고 한다. 상처가 괴물을 만든다는 말에도 공감이 된다. 연쇄살인자 이병도의 사과 과수원에 있던 따뜻한 털 엄마가 한 말 "잘 봐야 돼. 썩은 사과 하나가 상자 안의 다른 사과를 다 상하게 하거든."에서 여러 가지 의미가 느껴졌다. 지금 같이 있는 내 주변에도 그런 사과가 하나 있지 않을까? 심히 걱정된다. 나까지 물들지 않으려면 상자에서 누굴 빼내어야 할까?

2021. 11. 25.

말하고 싶을 땐
말하자

『작은 별이지만 빛나고 있어』 / 소윤

　　처음 접해보는 소윤 작가의 에세이 책이다. 나에게 조금의 위안이 필요했는데 조금은 위안이 되기는 했다. 물론 내가 읽은 이런 종류의 책은 거의 비슷한 내용이었지만 나를 더 사랑하라는 의미 전달과 지금을 즐기기 위해 더 노력하라는 것, 타인의 시선을 너무 의식하지 말고 미움받을 용기도 필요하다는 말들이 있다. 모두 알고 있는 내용이지만 사회생활을 하다 보면 그렇게 되지 않을 가능성이 더 많아서 더 안타까움을 느낄 수 있다. 그래도 나에게 의미 있게 느껴진 글귀들이 있다. "여러 개의 나쁜 일 뒤에 한 개의 기쁜 일이 나를 살게 하니까. 살다 보면 더 작은 기쁨이 때로 나를 온전히 위로하니까.", "말하고 싶을 땐, 말하

는 게 나를 살리는 방법이다."『인간이 그리는 무늬』에서 하고 싶
은 말을 안 할 수 있는 힘이라고 나오는데, 말하라고 하는 것과
반대지만 난 말하는 쪽에 내 한 표를 던진다. "덜 가진 것에 안타
까워하지 말고 더 가질 수 있다는 것에 만족하자. 더 사랑받기 위
해 애쓰기보다 더 사랑해 줄 수 있음에 감사하자." 묘하기도 하지
만 왠지 끌리는 말이다. "당신에게 선물한 단어는 아직 살아 있을
까." 나도 누구에게 단어 하나 선물해 보고 싶다. 자격이 있을지
모르지만 말이다. ^^

2021. 11. 29.

공기의 느낌이
미묘하게 까슬했다

『은밀한 결정』 / 오가와 요코

66

　2021년 12월부터 읽기 시작한 이 소설은 웬일인지 쉽게 읽어지지 않았다. 내용도 무겁거니와 내 마음도 지쳐 있었던 것이 그랬던 이유 중 하나일 것이다. 무언가 하루하루 소멸하고 있구나. 내 마음에서도 세상에서도 말이다. 모처럼 쓸쓸한 이야기에 또다시 마음이 무겁다. 이 소설의 내용은 앞부분에서 이미 무거웠다. 어느 섬에서 조각을 하는 엄마와 미래에 소설가가 되는 딸이 살고 있고, 무언가 하나씩 소멸해 나간다. 소멸하게 되면 기억도 소멸하게 된다. 나중에는 사물의 소멸에서 몸의 한 부분까지 소멸하고 결국에는 몸 전체가 소멸한다. 그 속에 기억을 하는 R이라는 특이한 사람은 살아남는다. 딸이 만들던 소설에서 타

자기에 목소리를 빼앗기고 시계탑에 스며들어 소멸하게 되는 내용도 우울하다. 우리 모두는 시간이 흐르면 모두 소멸하게 된다는 듯이 말이다. 내 주변에 있는 모든 것들이 다 소중하게 보였다. 작고 쓸모없이 보였던 것들마저 소멸되지 않도록 기억해야겠다. 내가 어릴 때 좋아하던 시가 생각난다. '우리 모두 잊혀진 얼굴들처럼 모르고 살아가는 남이 되기 싫은 까닭이다' 소설에서는 자고 일어나서 이뤄진 소멸을 이렇게 표현한다. "공기의 느낌이 미묘하게 까슬했다. 소멸의 신호다." 오늘 아침 다행이었다. 일어나니 공기가 부드럽게 느껴졌다. 좋았다.

2022. 1. 2.

선택의 자유가
가진 자들의 최대 이점

『오늘도 상처받았나요?』 / 마스다 미리

　　일본 만화다. 부재로 '우리는 어쩌면 서로 작은 상처들
로 연결되어 있는 걸까?'로 되어 있다. 책을 다 읽고 나니, 그 말
이 무슨 의미였는지 조금이나마 느낄 수 있었다. 어찌 되었든 우
리는 누군가에게 알게 모르게 서로서로에게 작은 상처를 주고받
는다는 거다. 인지하지 못하면서도 느끼고 몸에서는 반응이 일어
나는 것 같다. 책 내용 중에서 딱따구리 스낵바 주인인 주인공이
스낵바를 찾아온 타키이에게 이야기하는 장면이 있다. 무라카미
하루키의 노르웨이의 숲에 대한 이야기가 나온다. 주인공 청년에
게 여자가 "부자의 가장 큰 이점이 뭐라고 생각해?"라고 묻는다.
청년은 "모르겠는데."라고 말한다. 여자는 "돈이 없다고 말할 수

있는 거야."라고 대답한다. 이 말을 들은 타키이는 알게 된다. 선택의 자유가 가진 자들의 최대 이점이라는 것을. 그리고 난 잊고 있었다. 아직 나도 꿈을 가지고 있는 걸까? 꿈을 다시 가지는 것이 사치일까? 난 이미 철이 든 것일까? 그럼에도 다른 무언가를 하고 싶어 하는 나를 본다. 아직 철이 들려면 멀었다. 난 철드는 게 싫다. 다행이다.

2022. 1. 16.

광인은 그 스스로는
누구보다 행복할지 모른다

『성소년』 / 이희주

　　어느 날 인기 많은 아이돌인 요셉이 여자 아이돌과 열애설로 상대 기획사 및 자신의 기획사에도 피해가 생기자 매니저 박이 자살을 가장해서 요셉을 살해할 계획을 실천한다. 이런 계획을 모르는 여자 4명은 차에서 자살하려는 요셉을 납치하게 된다. 요셉의 실제 엄마인 희애와 요셉을 미성년자였을 때부터 이성으로 좋아했던 유부녀 안나, 무당 나미, 그리고 열렬한 팬이었던 미희, 이렇게 4명은 깊은 산속 산장에서 기억을 잃어버린 요셉을 간호하면서 천국 같은 한 달을 지낸다. 그리고 2명을 살해하고, 서로를 죽이거나, 자살하거나, 도망가다 잡히는 지옥의 나락으로 떨어진다. 대체적으로, 전체적으로 이 책을 읽는 내내 난 힘들었다. 진행되는 부분이 얽혀 있어서만은 아닌 것 같다. 중간에 들어간 일본말도 생소해서 인터넷으로 검색했지만 그것보다 '왜 일본말을 했을까?' 하고 더 의문이 남았고 꼭 이 단어가 들어갔어야만 했나 하고 기분도 상했다. 전체적으로는 우울하고 읽는 동안 암울했다는 느낌은 지울 수 없다. 작가는 소설에서 말한다. "광인은 그 스스로는 누구보다 행복할지 모른다. 보는 사람이 괴로울 뿐이지."

2022. 3. 29.

쉽게도
즐겁게도 힘들게도

『사랑을 말할 때 우리가 이야기하는 것』 / 레이먼드 카버

　작가 레이먼드 카버의 책은 처음 읽어본다. 책 마지막에 작가의 연보가 있다. 작가는 19세에 16세의 메리앤 버크와 결혼하여 모든 것들을 일찍 경험해서 결국 50세에 암으로 투병하다 수면 중 사망한다. 작가의 생애가 그렇게 즐겁지만은 않아 보였다. 다만 이 작가에게서 수면 중 사망했다는 점이 개인적으로 부러웠다. 이 책을 내가 선택한 가장 큰 이유는 책 제목을 보고 가볍게 읽을 수 있을 거라는 개인적인 생각이었으나, 책을 읽는 내내 너무 어렵고 진도가 쉽게 나가지 않아 무척 힘들게 읽었다는 것이다. 정말 사랑이라는 것은 사람에 따라서 쉽게도, 즐겁게도, 그리고 이렇게 힘들게도 느껴지는 것이구나 하고 생각하게

되었다. 총 17편의 에피소드로 만들어진 이 소설에는 16번째 에피소드의 제목이 「사랑을 말할 때 우리가 이야기하는 것」으로 나온다. 이 책을 읽으면서 난 확실하게 알게 되었다. 난 학술적으로 사랑이라는 것을 잘 모르기도 하고, 설명하기도 힘들다. 그러나 마음에 느껴지는 사랑이라는 것은 표현하기 힘들지만 확실하게 알겠다는 것이다.

2022. 4. 7.

경쟁적 증여

『전남친의 유언장』 / 신카와 호타테

이 책은 2021년 '이 미스터리가 대단해!' 대상을 받았다고 한다. 대회 이름이 재미있다고 생각하고 책을 선택하게 되었다. 작가는 도쿄대학 법학부를 졸업한 수재로 24살에 사법시험에 합격한 전직 변호사라는 작가이력이 눈에 들어왔다. 그래서 더 관심이 생겨서 읽었던 책이다. 책 제목처럼 변호사인 여자주인공의 전남친의 부고소식과 함께 유언장에 관한 이야기를 듣게 된다. 유언장에는 '내 전 재산을 나를 죽인 범인에게 줄 것'이라고 되어 있고, 전여친에게 자기가 가지고 있던 별장의 소유지분을 분할해 준다는 것이다. 그러나 전남친의 사망진단서에는 사인이 독감이라고 되어 있다. 이 유언장이 발표되면서 여러 사람이

자기가 살인자라고 나타나지만 대부분 거짓이었다. 그러는 사이 주인공은 죽은 전남친 에이지의 친한 친구 하나를 범인으로 내세워 그 대리인 자격으로 범인 선출전에 참여한다. 하지만 유언장 원본이 보관되어 있던 금고를 도난당하게 되고, 에이지의 고문변호사가 의문의 죽임을 당하게 된다. 결국 예상하지 못한 에이지의 죽음이 살인으로 드러나게 되고 전혀 예상하지 못한 사람이 살인범으로 잡히게 된다. 중간중간 갑자기 나타나는 변수들 때문에 사실감이 조금 떨어지는 느낌이었다. '포틀재치'를 직역하면 '경쟁적 증여'라고 한다. 이웃한 두 부족의 예시를 들어 두 부족이 선물을 주고받는 데 규칙을 하나 지켜야 한다. 규칙은 아주 간단하다. '받은 것보다 좋은 것을 보답할 것!' 그 규칙대로 선물을 주고받다 보면 점점 규모가 커져서 어느 한쪽이 더는 보답할 수 없게 되고, 결국 보답하지 못한 부족은 망하게 된다. 왜 그런 짓을 하는 건가 하면, 이유는 간단하다. '상대를 망하게 하기 위해서.'라고 한다. 상대방이 인지하지 못할 때가 있지만, 지금도 그렇게 하고 있는 것들이 보인다. 그것도 웃으면서 말이다. 무섭다.

2022. 4. 26.

불행 같은 행운

『죄의 궤적』 / 오쿠다 히데오

바보라고 불리고, 바보 같은 생각으로 행동하며, 무책임하고 죄를 죄로 인식하지 않은 우노 간지. 그는 어릴 적 새아버지가 될 사람에게 교통사고 보험사기를 위해 차에 던져져서 단기적 기억상실증도 생기고 차 소리 등 놀라서 기절하기도 하는 우노 간지. 그러나 불행 같은 행운이 따라서 일을 시켜주는 선주의 파수막을 불태우고, 방화를 보러 간 사이 선주의 빈집의 금고를 털고, 같이 도모한 어부에게 배신을 당해서 기름도 없이 바다에 배 타고 나가 죽을뻔했지만 겨우 살아났고, 헤엄쳐서 도착한 해안가에 산림청의 초소에서 옷과 완장을 훔쳐 그 고장을 빈집털이하였고, 도쿄로 가서 하루하루를 살아가는 남자이다. 도쿄에서도 빈집털이를 하다가 살인사건에 휘말리고, 여러 가지 사정으로 다시 동네 두붓집 아들의 유괴사건에도 휘말린다. 그러나 아직 1편에서는 어떻게 사건이 진행되었는지 나오지 않고 마무리된다. 주인공처럼 나오는 우노 간지는 자기의 범죄를 범죄로 인지하지 않고 가끔 남 탓하는 듯한 표현에서 화가 나기도 했다. "나쁜 짓이라는 건 연결되어 있어요. 내가 훔치는 것은 내 탓만이 아니에요." 그래서 이 책을 읽는 동안 너무 답답하기도 하고, 화가 나기도 했다. 오쿠다 히데오의 작품 중 이렇게 유쾌하지 않은 소설도 오랜만이다. 7년 만의 신작 장편소설이란 기대와 달리.

도잔회 야쿠자 똘마니 미치이 아키오는 바보 같아 보이는 우노 간지를 불쌍하게 여겨 잘 대해주게 되고, 그 인연으로 우노 간지의 사건에 자기도 모르게 공범으로 몰리게 된다. 빈집털이를 하다가 전 시계상 살인사건에 엮이고, 살인범이 따로 있어서 다시 빈집털이범으로 쫓기지만, 동네 두붓집 아들 유괴사건이 발생하고 수사 중 다시 유괴범으로 지명되기 시작하여 형사들의 추적으로 잡히지만 죄의식이 없는 우노 간지는 자기에게 불리한 이야기는 묵비권으로 아무 말도 하지 않는다. 나중에 자기의 어릴 적 계부가 자기를 이용하여 자해 공갈을 하였던 기억이 되살아나면서 말한다. "나는 지금까지 자신이 왜 살아 있는지 몰랐어요. 아무도 상대해 주지 않고, 하고 싶은 일도 없고, 왜 이 세상에 있는지 몰랐어요.", "그럼 지금은 알고 있어?", "예, 조금은요." 이 부분에서 우노 간지는 복수를 결심했구나 하고 생각하게 되었지만 그게 과연 살아 있는 이유가 될 수 있을까? 난 공감되지 않았다. 어찌 보면 우노 간지는 너무 힘든 어린 시절을 지내며 지금까지 엄청 큰 행운으로 살아왔지만 그것을 보지 못하는 정말 바보였구나 생각이 든다. 다만 이 책에서는 주인공처럼 보이는 범인의 심리보다 범인을 쫓는 형사들의 심리상태를 현실감 있게 표현했다는 감상이 든다. 현장검증을 하다가 탈출하여 도망가다가 배에서 뛰어내리는 장면이라든지, 범인과 형사의 추적 장면이 영화의 한 장면처럼 생생하게 표현되어서 좋았다.

2022. 5. 14.

조금도 옳지 않다

『그 개와 같은 말』 / 임현

　우연하게 읽을 책을 고르다가 『그 개와 같은 말』이라는 제목이 너무나 나를 잡아끌었던 책이었다. 이 책은 10개의 각각의 에피소드로 되어 있는 소설이고, 사실 읽는 내내 묵직한 무엇을 내 마음에 쌓아놓게 되었고, 다 읽고 나서는 그게 무엇인지 모르던 게 더 나았을까? 라고 자문하게 되었다. 그 무엇이 더 큰 무엇이 된 듯한 느낌이었기 때문이다. 「가능한 세계」, 「고두」, 「엿보는 손」, 「좋은 사람」, 「무언가의 끝」, 「그 개와 같은 말」, 「거기 있어」, 「외」, 「말하는 사람」, 「불가능한 세계」로 구성된 이야기이다. 하마터면 모르고 지나칠 뻔 했다. 「가능한 세계」에서 「불가능한 세계」로 마무리하는 작가의 의도된 목차 순서를. 소오름. 난 꿈에서도 생각하지 못했을 것이다. 그다음 작품해설에서 난 누군가가 내 뒤통수를 때리는 듯한 느낌을 받았다. 이제까지 읽었던 소설이 다 이런 말이었구나 싶었다. 작품해설에서 질문이 먼저 나온다. "이 책의 제목은 무엇인가. **그 개와 같은 말**이다. 그 **개와 같은** 말이기도 하지만 **그 개**와 같은 말이기도 하다. 혹 그 **개와 같은** 말로만 읽었다면 **그 개**를 잊거나 잃은 것이다. 반쯤은 틀렸고, 반쯤은 맞았으나 보고 싶은 것만 보고 싶은 대로 본 셈이니 조금도 옳지 않다. 우리는 한 번씩 실수한다거나 고작 개 한 마리일 뿐이라고 한다면 역시 맞지만 그르다. 그게 **그 개**가 아니라 나나 너나 우리였다면 과연 달랐을까. 우리의 옳음을 시험에 들게 하는 질문들이 이어질 것이다. 답이 곤란하다면 우리가 덜 옳다는 의미다. 다행히도 우리는 거의 옳다. 이는 우리가 인간이라는 말이다. 불행히도 우리는 조금 그르다. 이도 우리가 인간이라는 말이다. 다시, **그 개**가 시작이다." 너무 당연하게 보이는 말일진대 너무 충격적이지 않은가. 10개의 소설 내용을 무겁게 읽고도 뭐라고 하지 못했던 내가 이 작품해설의 첫 문장에 나온 질문에서부터 나를 강타했다. 나도 이랬구나. 난 이래도 되는가. 앞으로도 난 이렇게 될 수 있겠구나. 라고 생각하게 되었다. 소설 중 「거기에 있어」에서 은우가 직장 면접 마지막 질문에 "원하는 것을 얻기 위해서 당신은 무엇을 할 수 있습니까?"라고 들었던 것을 남편 무영에게 당신이라면 뭐라고 대답할 거냐고 묻는다. 무영은 대학교 때 사진 동아리에서 알게 된 선배의 카메라를 가지고 싶어서 아무도 없을 때 부숴버렸다고 한다. 결국엔 일주일 만에 쓰레기 더미에서 그걸 찾았다고 한다. 과연 그것에는 악의가 있었을까. 고두를 사전적 의미로 '머리를 조아려 경의를 표하던 예', 국어사전에는 '공경하는 뜻으로 머리를 땅에 조아림'이라고 한다. 「고두」 편에서 고등학생이었던 연주는 자신과 잔 윤리 선생에게 "사랑했어요."라고 무릎을 꿇어 완벽한 사과를 한다. 윤리 선생은 말한다. 왜 함부로 내게 미안해하는 것이냐. 나는 그런 사과를 받고 싶지도 않고 무얼 용서해야 할지도 모르는데. 나쁜 의도, 나를 몰락시키려는 의지만 있었을 뿐이다. 내 학생이었다. 내가 가르쳤거든. 나는 또 생각해 본다. 악의였을까, 고두였을까.

2022. 6. 12.

그냥 하는 거야 그냥

『모범생의 생존법』 / 황영미

　　오랜만에 읽어보는 청춘소설이었다. 제목이 무척 마음에 들었다. 나는 어릴 적에 모범생이 아니었기에, 도대체 모범생들은 어떻게 생존하고 있는지 몹시도 궁금했다. 그래서 선뜻 이책에 손이 가게 되었다. 목차를 보면서 또 한 번 재미있겠다 싶었다. 목차가 모두 마음에 드는 문구였다. 1. 이름이 불려도 당황하지 않기, 2. 강풍을 대비하기, 3. 빌런의 등장에 흔들리지 않기, 4. 떡볶이는 먹고 가기, 5. 골고루 망쳤을 땐 일단 한숨 자기, 6. 도저히 안 될 땐 과감히 투항하기, 7. 패배에 대한 맷집을 기르기, 8. 내 앞에 놓인 일들을 그냥 하기, 9. 메뉴가 별로인 날은 건너뛰기, 10. 기운 없는 친구에겐 죽을 건네기, 11. 밖으로 끄집어내기,

12. 드넓은 바다를 상상하기, 13. 고양이인가 싶은 때 다시 보기. 고등학교에 들어간 주인공 봉준호와 그의 친구 건우 그리고 토론 동아리 선배, 그리고 봉준호가 좋아하는 동아리 친구 유빈이, 봉준호를 라이벌로 의식하는 친구 병서. 나도 고등학교까지 친구들과 어울리고 놀면서 그렇고 그런 학교생활을 했었던 것 같다. 책을 읽는 내내 옛날의 나를 생각하게 되어서 좋았다. 단편으로 생각되는 이 책 속에는 좋은 말이 많았다. "뭐 괜찮다. 세상에 친절한 사람만 사는 것도 아니니까." 어떻게 고등학교 1학년생이 이렇게 어른스럽게 생각할 수 있을까 싶었다. 물론 난 정말 철이 없었구나 싶다. "지적으로 성숙한 인간이 되고 싶으면 무식함을 당당하게 드러낼 줄 알아야 한다. 자기가 무엇을 알고 무엇을 모르는지 알아야 본질에 다가갈 수 있다." 나도 그렇지만 대부분의 사람들은 무식함이 들통나는 것을 두려워한다. 그러나 나는 도대체 어떤 부분이 무식한 부분인지에 대해서도 모른다. "그냥 하는 거야, 그냥. 내 앞에 놓인 것들에 많은 이유를 달지 않고 그냥, 일단하는 거지. 결과는 어차피 내가 통제할 수 있는 게 아니니까. 결과를 생각하니까 불안한 거거든." 또 생각지도 못한 말이 있었다. "난 인간이 명품이라 뭘 입어도 예쁘거든." 우리 모두는 스스로 명품인데 그것을 인지하지 못하고 남들이 말하는 어떤 명품으로 나를 가리려 한다.

2022. 6. 17.

마시는 숨에 가슴을 열고
시선은 하늘로

『우리는 당신에 대해 조금 알고 있습니다』 / 권정민

　책 앞표지에는 화분에 심어진 식물이 편하게 표시되어 있다. 푸른색과 식물의 그림자가 노란 벽에 비치는데 이렇게 편하게 느껴진 그림이 최근에는 없어서 더 좋았다. 이 책은 그림책으로 쪽수도 적어 책 두께가 얇다. 내용은 식물이 베란다에 있게 되는 과정을 그리고 있는데, 어쩌면 나를 관찰하고 있는 식물이 항상 내 옆에 있었다는 것이 새롭게 느껴졌다. 그래서 제목이『우리는 당신에 대해 조금 알고 있습니다』였구나 라고 다시 생각하게 되었다. 책 속 그림은 너무나 편안하게 보여지지만 그 내용은 다른 시각으로 보여 식물은 우리가 모르는 사이 우리를 항상 관찰하고 있었구나 라고 보여졌다. 어찌 보면 으스스 하지만 옆에 있어줘서 고맙게도 느껴졌다. 식물은 이렇게 말하기도 한다. "당신에게 한 가지 배운 것이 있다면, 적성에 맞지 않는 곳이라도 조금은 버텨봐야 한다는 것. 견디다 보면 언젠가 좋은 날이 올 수도 있거든요."라고. 이 말에 나도 다시 배우게 되었다. 개인적으로 요가를 하고 있는듯한 그림에서 "우리처럼 숨 쉬는 법을 배우려고 여기까지 온 당신 기꺼이 도와드리죠. 마시는 숨에 가슴을 열고 시선은 하늘로." 난 이 부분이 정말 좋았다.

2022. 6. 26.

자고로 좋은 거짓말을 하는 비결은

『사과는 떨어지지 않는다』 / 리안 모리아티

　　오랜만에 리안 모리아티의 새 소설이 나와서 무척이나 기뻤다. 늘 진지하면서도 유머러스하게 문장을 만들고 소설 속 캐릭터들의 개성 있는 표현들이 재미있었다. 왜 제목을 『사과는 떨어지지 않는다』로 했을까? 일단 책을 처음 보면 두께에 놀라게 된다. 엄청나게 두껍게 보이고, 잡는 순간 '내가 정말 다 읽을 수 있을까?' 싶었다. 프롤로그에 나오는 버려진 자전거와 사과 네 알. 그렇게 시작되는 이야기는 첫 장에서 모두 잊어버리지만 책을 다 읽고 나면 다시 프롤로그로 돌아가서 읽어보게 된다. 테니스에 열정적인 가족으로 아빠 스텐리 델라스, 엄마 조이, 큰딸 에이미, 둘째 로건, 셋째 트로이, 막내 브룩. 누구나 부러워할 완벽한 가족, 어느 날 갑자기 엄마가 사라졌다. 가족회의와 함께 경찰에 실종신고를 하게 되고, 시간이 지남에 따라 아빠가 살인범으로 몰리게 된다. 경찰은 엄마가 사라지기 전 새로운 젊은 여자가 아빠와 엄마 집에 나타나고 같이 살게 되었다가 사라진 것에 이유를 찾게 된다. 결국 경찰은 여러 정황증거로 보아 아빠를 살인범으로 체포하려고 할 때 엄마 조이가 나타난다. 결국 이 가족의 중심에는 테니스가 있었고, 그와 함께 가족의 삶의 이야기가 있었다. 이야기는 과거와 현재를 오가며 전개하고 있고, 그래서 이렇게 되었구나 하면서 읽다 보니 '벌써 끝이야?' 하고 생각하게 되었다. 그 와중에 공감되는 말이 있었다. "자고로 좋은 거짓말을 하는 비결은 아주 세부적인 내용은 말하지 않는 거니까."라는 말에서 한번 웃었다. "사람은 기억에 의존하면 안 된다. 본래 기억은 믿을 게 못 된다."라는 말에서 나도 기억이 가물가물해지는 것은 어쩔 수 없다고 생각되었다.

2022. 7. 4.

불편하지만
그래서 편함에 대해 알게 되는

『불편한 편의점』/ 김호연

　책 제목이 조금은 낯설었다. 불편한 편의점이라, 편의
점은 편하게 이용하는 상점으로 생각되는데, 그곳이 불편하다니
과연 이상하게 느껴졌지만, 그것만으로도 뭔가 의문스럽고, 이게
뭐지 하고 우습기도 해서 그냥 궁금해졌다. 최근에 우리나라 작
가가 쓴 소설을 한동안 읽지 않아서 그런지 읽는 내내 편하게 내
용이 눈에 들어왔다. 처음 시작되는 이야기에는 한 할머니가 서
울에서 부산으로 가기 위해 서울역에서 KTX를 타는 장면이 특히
나에게는 인상 깊었다. 2011년에서 2013년까지 서울에 있는 본
사로 발령 나서 근무하면서 이용하던 서울역. 그곳에서 항상 쫓
기듯이 집에 가기 위해서 서둘러 타던 KTX가 너무나 생생했기

때문이리라. 기차 안에서 집이 있는 울산까지 가는 2시간 30분 동안에 나는 책을 읽고 영화를 보면서 금요일 밤에 내려오면 나의 아내가 작은 경차 '마티즈'를 타고 나를 데리러 오던 그 느낌이 지금도 너무 좋았다. 조금 있으면 아직 어린 딸과 아들이 못난 아빠를 반겨줄 것을 알고 있기 때문에 더 기뻤던 기억이 생생하다. 이 소설의 첫 장에 나오는 할머니 염영숙 여사가 서울역에서 잃어버린 지갑 등 중요한 물품이 든 파우치를 노숙자가 찾아주는 장면을 내 눈앞에서 보는 것처럼 묘사되었던 것도 그래서일까? 할머니는 그 답례로 노숙자를 데리고 자기가 운영하는 ALWAYS 편의점으로 데려가서 배고파하는 노숙자에게 건네주는 도시락 '산해진미', 나도 다음에 편의점 도시락을 먹어봐야겠다. 우여곡절로 편의점 사장 염 여사는 그 노숙자 독고 씨를 채용하여 밤시간 아르바이트를 시키게 되고, 오전 근무를 하는 선숙씨, 오후 근무를 하는 시현 씨, 그렇게 편의점 생활이 시작된다. 편의점에 오는 손님들이 할머니가 되었다가, 셀러리맨이 되었다가, 불량한 술 취한 젊은이들이었다가 여러 사람이 오가면서 여러 가지 일들이 생기게 된다. 소설에서는 편의점을 이렇게 말한다. 편의점이란 사람들이 수시로 오가는 곳이고 손님이나 점원이나 예외 없이 머물다 가는 공간이란 걸, 물건이든 돈이든 충전을 하고 떠나는 인간들의 주유소라는 걸. 편의점은 어찌 보면 우리가 살고 있는 세상의 또 다른 작은 세상으로 보인다. 천태만상으로 보이는 세상 속 인간들이 보인다. 그래서 편해야 하는데 주인공 독고가 근무하는 편의점은 무언가 모자라고 무언가 다른 불편한 편의점이다. 그 사이 제이에스 오브 제이에스, 진상 중에 진상으로 시현을 괴롭히던 손님을 독고가 참교육 시켜주기도 하고, 아들과 소통이 안 되고 힘들어하는 선숙씨와 아들이 삼각김밥과 편지로 소통할 수 있는 방법을 일러주기도 하고, 퇴근길에 편의점에서 참참참-참깨컵라면, 참치김밥, 참이슬-으로 힘들었던 하루를 혼술로 달래고 가는 셀러리맨의 이야기를 들어주고 쌍둥이 딸에게 줄 초콜릿이 다시 원 플러스 원 행사를 한다고 알려주기도 한다. 편의점 앞 빌라에서 연극 대본을 쓰는 인경에게 마지막일지 또 다른 시작일지 모를 작품 불편한 편의점에 대해 영감을 주기도 하고, 사장님의 아들에게 자신의 신상을 알아봐 달라고 수임받은 흥신소 곽에게 자신의 후임자로 아르바이트를 소개하기도 하고, 몇 년 전부터 기억을 지우고 서울역에서 노숙했던 독고는 편의점 생활을 하면서 점점 과거를 기억하게 되고 다시 용기를 내어 새로 살아가려고 편의점을 떠난다. 이러한 모든 일들이 지루하지 않게 전개되어 정말 읽는 내내 재미있었다. 밥 딜런의 외할머니가 어린 밥 딜런에게 했다는 말, "행복은 뭔가 얻으려고 가는 길 위에 있는 것이 아니라 길 자체가 행복이라고. 그리고 네가 만나는 사람이 모두 힘든 싸움을 하고 있기 때문에 친절해야 한다고." 이런 말도 기억에 남는다. "진심 같은 거 없이 그냥 친절한 척만 해도 친절해지는 것 같아요."라고 독고가 말한 것도. 그리고 가장 가까운 가족의 불통이 진심으로 불행해지는 것을 보게 된다. 독고가 흥신소 곽에게 가족에게도 손님한테 하듯 하라고 말한다. '따지고 보면 가족도 인생이란 여정에서 만난 서로의 손님 아닌가?'

하면서 손님으로만 대해도 서로 상처 주는 일은 없을 터일 텐데. 나도 생각해 보니 과연 부모님과 아내와 자녀에게 감히 손님이라도 될 자격이 있을까 싶다. 불편하지만 그래서 편함에 대해 알게 되는 그런 소설을 한 권 읽었다.

2022. 7. 10.

그래서 할 말 다하고
끝에 이 말 하나 붙인다

『그냥, 그렇다고』 / 짧은대본

　　'그냥, 그렇다고'라는 문구가 너무 친숙했다. 그냥 사람
사는 이야기라는 부제도 편했다. '짧은대본'이라는 작가는 처음이
지만 글을 읽다 보니 짧은 글 속에 생각해 볼 많은 이야기가 있다는
걸 느꼈다. 글과 함께 그림도 너무 설렘으로 다가왔다. '아리'라는
그림을 그린 사람도 처음 알게 되었지만 그림의 느낌도 너무 친숙
했다. 프롤로그에서 작가는 이 책은 그냥 사람 사는 이야기이고, "아
무 페이지나 열어봐도 좋은 책이 되었으면 좋겠다. 아무 때나 봐도
좋은 친구처럼 짧은 대화를 이어간다면 그것으로 완벽하다."라고
표현하는 부분이 더욱 마음에 들어왔다. 차례로 총 4부로 나누고,
218개의 소제목으로 되어 있는데, 이 책의 총 쪽수는 219쪽이라 거

의 소제목이 하나의 쪽으로 볼 수 있다. 그럼에도 한 쪽, 한 쪽이 생각을 하게 만든다. 「말 안 한 거짓말」에서 "다르면 맞춰가기라도 하지, 이건 틀린 거잖아."라는 글에서 나도 예전에 그랬겠지 하고 생각했고, 「일단 해봐」에서 "진 거는 후회 안 해. 열심히 안 한 거, 그걸 후회하는 거지."라는 말에는 긍정할 수 없었다. 난 열심히 했는데도 진 적도 많았고, 정말 열심히 했는데도 시험에서 떨어진 적도 많았다. 그래서 열심히 해도 안 되는 것은 있다라고 생각한다. 『미생』에서 주인공 장그래는 말했다. "열심히 안 한 건 아니지만 열심히 안한 걸로 하겠다."라고, 그래서 더 인상에 남는다. 「있는 그대로를 좋아한다는 말은」에서 "단점도 모두 장점으로 봐주는 게 사랑인 거지. 있는 그대로의 나를 봐주는 거?", "있는 그대로 본다는 건 단점은 그냥 단점이라는 소리야." 맞다. 단점은 그냥 단점이다. 그게 장점으로 바뀌진 않는다. 그리고 "헷갈리게 하는 사람이 어딨어. 내가 헷갈리고 싶으니까 헷갈려 놓고 그냥 남 탓하는 거지."라는 말도 무척 맘에 들었다. 마지막에 있었다. 가슴을 때리는 말, "어떻게 보면 많이 무의미하지도, 그렇게 유의미하지도 않은 게 사람 사이 같다. 모든 행동에는 책임이 따르지만, 모든 일에 책임을 질 필요는 없는 게, 지금 좋았던 기억이 나중에 가장 아픈 추억일 수도 있고, 마지막이라 생각했던 사람과 이유 없이 평생 갈 수도 있는 게, 어찌 보면 지극히 평범한 사람 사는 이야기니까. 그래서 할 말 다하고 끝에 이 말 하나 붙인다. 그냥, 그렇다고."

2022. 7. 15.

나를 영웅이라고
착각하지 마

『엔드게임 살인사건』 / 다니엘 콜

　　다시 돌아온 울프, 같은 경찰 동료이자 친구이자 아버지 같은 핀레이 쇼가 자살한 사건을 다시 수사하기 위해 쫓기던 울프가 핀레이의 부인 매기를 찾아 돌아왔다. 경찰에 스스로 자수 같은 잡힘을 당하면서 핀레이의 수사를 할 수 있도록 다른 정보를 제공하고 핀레이의 오랜 친구였던 경찰청장 크리스천 베라미와 총경 지나 바니타의 협조를 받는다. 후배 에밀리 백스터와 손더스, 에드먼즈가 모여서 놓쳤던 증거를 수집하고 다시 수사를 시작한다. 완벽한 밀실, 문은 안에서 잠겨 있는 밀실에서 권총으로 자살을 한 핀레이의 시신, 과연 어떤 일이 있다고 울프는 생각하고 다시 무모하게 조사를 시작하는지. 사랑하는 백스터에게 생긴 남자친구 토머스, 『봉제인형 살인사건』에서 쫓기다가 다시 나타난 울프는 사건의 실마리를 밀실에서 찾게 된다. 그리고 알게 되는 핀레이의 옛날 사건들과 비밀들. "나를 영웅이라고 착각하지 마…. 당신을 살리기 위해서라면 이 땅의 생명을 다 없앨 수도 있어." 이 글에서 묻어나오는 간절한 느낌으로 소설은 시작한다. 그리고 초반에 발견되는 핀레이가 쓴 쪽지에는 "어떻게 아직도 알아먹지 못할 수가 있어? 나는 너를 그냥 사랑하지 않아, 전적으로, 영원히, 구제할 수 없을 만큼 사랑해. 넌 내 여자야. 방해하는 인간들도, 우리 사이에 있었던 개 같은 일들도, 이 빌어먹을 철창조차도 우리를 갈라놓지 못해. 죽어도, 죽어도 다른 사람에게 널 빼앗기지 않을 거니까." 이 글에도 간절함은 시공을 초월한다. 백스터가 힘들어 울프에게 말한다. "우리는 저주받았어요."라고, 그 말에 울프는 "네가 왜 저주를 받아, 너는 이 세상에서 내가 제일 좋아하는 사람인데, 네가 이렇게 죽음과 고통으로 가득한 인생을 선택하게 된 이유가 뭐겠어? 다른 사람을 다 합친 것보다 강하기 때문이잖아. 조금만 더 지나면 누구보다 행복한 해피엔딩을 맞을 거야." 난 이 말이 평범해 보였는데 나중에 다시 읽어보니 이 말도 간절했구나 싶어 다시 읽게 되었다. 암에 걸려 힘든 매기에게 핀레이가 했던 말이 소설의 첫 페이지에 나왔던 말이었다는 것을 소설의 종반에 가서 알게 되었다. 수사가 진행되면서 범인이 핀레이의 절친이자 매기의 절친이었던 크리스천이었고, 핀레이와 엄청난 비밀이 있었다는 것과 그것을 밝히기 위해 수감된 감옥에서 CIA 요원 루쉬와 연출을 했던 울프의 전처 안드레아도 대단했다. 결말에서 모두 극적인 쇼를 이끌어 내어 눈앞에서 벌어지는 한 편의 영화를 보는 듯했다. 역시 작가 다니엘 콜이었다. 다 읽은 책이 왜 이렇게 아쉽게 느껴지는지 모르겠다. 결국 울프가 말한 해피엔딩으로 이 소설은 끝난다. 마지막 장면은 백스터가 자기의 공주님에게 동화책 마지막 장을 읽어준다. "그리고 두 사람은 영원히 행복하게 살았답니다."

2022. 7. 24.

책 한 권 읽으면서

이게 핵심이다

『나는 언제나 옳다』 / 길리언 플린

   이 책의 원제는 『The grown-up(어른들)』이다. 그러나 『나는 언제나 옳다』라는 바뀐 제목도 좋다. 처음 이 책을 알게 된 것은 EBS라디오 '윤고은의 북카페'에서 작가들이 책 소개를 하는 것을 듣고 알았다. 짧은 단편이고, 200자 원고지 200매 정도의 쪽수로 마음을 먹고 읽기 시작하면 그 자리에서 한 번에 다 읽어 버릴 것 같은 책인데, 내용은 스릴 넘치는 이야기로 엄청 빠르게 전개되어, 읽는 사람은 숨이 차게 따라가다가 딱 멈춘다고, 그러면서 '책의 가격은 제 돈을 다 받는다고' 하는 말에 너무도 재미있겠다 싶어서 찾아서 읽었다. 나는 사실 첫 장을 읽으면서 '이렇게 출발하는 소설이라고?' 하고 의아했다. 그런데 읽어나가면서 나도 모르게 확 빠져들어 갔다. 너무나 정교한 말들에 책을 읽고 있는 나도 '속고 있나?', '이 말이 사실일까?', 아니면 '못 믿겠는데?' 하면서 나를 합리화하고 있는 건가 생각하게 되었다. 이 책의 화자는 도시 빈민가에 사는 미혼모의 딸이다. 길거리에서 구걸을 하면서 자란 남자의 수음을 돕는 매춘부 일을 하다가 업주의 권유로 심령술사 노릇을 가짜로 하게 된다. 그러다 잦은 출장으로 집에는 거의 없는 아빠와 그의 열다섯의 아들, 새엄마와 새엄마의 일곱 살 아들로 구성된 한 부자 부인 수전을 상담하게 된다. 의붓아들이 이상하다고 상담하는 부인에게 상담비를 사기 치면서 심령술사로 일하다가 수전의 속임수인지 의붓아들의 속임수인지 모르지만 화자를 범죄자로 만들어서 누구를 믿어야 하는지 모를 상황에 놓여진다. 그러다 의붓아들을 믿기로 하면서 이야기를 마무리한다. 화자는 이렇게 말한다. "내가 실제로 사기를 당했든 아니든, 나는 사기를 당하지 않았다고 믿기로 선택했다. 살면서 수많은 사람을 속여서 수많은 일을 믿도록 했던 나. 그런 나에게도 이번 일은 그야말로 생애 최고의 업적이 될 참이다. 지금 내가 하고 있는 행동이 합리적이라고 나 스스로 믿도록 만드는 것! 옳진 않더라도 나름 합리적인 일 아닌가." 그런 거 같다. 믿을 사람이 누구인지 모른다. 나조차도 나를 믿을 수 있는가? 그러나 난 내가 하고 있는 행동이 합리적이라고 나 스스로 믿도록 만들어야 한다. 또 "슬프다는 건 대개 시간이 남아돈다는 뜻"이라 말하면서, 그럴 때면 말할 때 "조언처럼 건네서는 안 된다. 이게 핵심이다. 경고하듯 말해야 한다."라고 한다. 난 이 말도 일리가 있다고 생각한다. 이 책을 다 읽고는 마지막에 딱 맥이 풀렸다. 값어치를 하는구나. 스티븐 킹을 인용해서 말해주는 옮긴이의 말이 눈에 들어왔다. "추운 밤 따뜻한 차 한 잔을 들고 좋아하는 의자에 앉아, 창밖에서 부는 바람 소리를 들으며, 그 자리에서 한 번에 다 읽을 수 있는 멋진 이야기를 접하는 것보다 더 즐거운 일은 없다." 그래 밤이고 낮이고 어느 공간이고 이렇게 한 번에 다 읽을 수 있는 멋진 이야기는 읽고 있는 상상만으로도 좋겠다.

2022. 7. 27.

오해일 수도 있는
이해의 길

『봄에 나는 없었다』 / 애거사 크리스티

　　책 제목이 나에겐 너무 구미가 당기는 문구였고, 작가가 애거사 크리스티라고 하여 추리소설인가 했었는데, 한 여성의 사랑과 삶에 대한 소설이었다. 그러나 책의 표지가 화사한 분홍의 바탕으로 빠알간 꽃이 여러 송이로 되어 있는데 이게 과연 무슨 책일까 싶었다. 『봄에 나는 없었다(Absent in the Spring)』라는 제목은 셰익스피어(Shakespeare)의 「소네트(Sonnet) 98」에서 나온 말이라는 것을 책을 다 읽고 나서 옮긴이의 말에서 알게 되었다. 찾아본 해석본 중에 맘에 든 「소네트(Sonnet) 98」은 이렇다. "내가 그대에게서 떠나 있던 때는 봄이었노라.(From you have I been absent in the spring) 눈부시게 차려입은 사월이 만개해 만물에 청춘의 기운을 불어넣고, 우울한 새턴마저도 신나게 웃고 뛰놀던 때 그러나 새들의 노래에도, 저마다 다채로운 색과 풍미를 지닌 다양한 꽃들의 달콤한 향기에도 내게선 여름날의 유쾌한 이야기가 나오지 않았다. 나는 백합의 그 순수한 빛에도 찬탄이 나오지 않았다. 그 모든 것은 봄의 원형이 당신을 그저 본뜬 것에 불과하기 때문이다. 그러나 당신이 없기에 내 계절은 여전히 겨울 할 수 없이 나는 당신의 그림자, 꽃들과 노닐다." 이 소설의 내용과도 왠지 닮아 있다고 생각된다. 원래 작가는 메리 웨스트매콧으로 발표되었는데 나중에 애거사 크리스티가 필명을 달리하여 발표했다는 것이 알려졌다. 그래서 이 책 작가이름을 메리 웨스트매콧이라 하지 않고 애거사 크리스티라고 했던 부분이 아쉬웠지만, 아마 필명으로 했다면 나도 몰라서 아예 읽어볼 기회조차 없을 수 있었겠다 싶다. 이 책의 내용은 사실 단순하다고 생각했다. 영국 런던 근방에서 변호사로 일하는 남편 로드니의 아내이자 삼남매의 어머니인 주인공 조앤이 아픈 막내딸 바바라 레이가 있는 바그다드를 방문한 뒤 다시 집으로 돌아가는 여정을 내용으로 한다. 그러나 그 여정 속에서 우연하게 옛 친구인 블란치 해거드를 만나고 그녀로부터 가는 길에 비가 많이 올 것 같아 오지에서 며칠 발이 묶일지도 모른다는 말을 듣게 된다. 그리고 기차 예약들이 전부 엉킬 것이라는 말과 생각보다 할 일이 없는 곳에서 붙들려 "몇 날 며칠 자신에 대해 생각하는 것 말고는 할 일이 아무것도 없다면 자신에 대해 뭘 알게 될까…"라는 말을 듣고 헤어지게 된다. 사막에 있는 기차역으로 가는 차가 빗물로 연착하여 기차를 놓치게 되고 기차역 숙소에서 다음 기차를 기다리면서 정말 친구의 예언처럼 아무 할 일 없이 혼자 자신과 남편 그리고 딸과 아들이 연관된 사람들과의 관계에 대해 치열하게 생각을 하게 된다. 자신이 진실이라 믿었던 기억의 사실들이 다른 사실로 보이고, 남편이 이웃의 아내를 사랑했었다. 막내딸은 남편이 아닌 다른 남자를 사랑했다가 남편이 알았고 자살을 시도하였다 등등. 자신이 그 누구에게도 사랑받지 못했다는 것을 인정하면서 그 모든 생각들이 확신이 되어 혼란에 빠지게 된다. 남편 로드니가 "내가 그대에게서 떠나 있던 때는 봄이었노라."라고 그날 저녁에 말했던 것이 생각나면서 조앤은 어떤 느낌이었을까? 조앤은 생각이 나도록 내버려 두면 안 되는 것들이 너무 많았다. 그리고 그녀는 사막이라는 완전 고립된 곳에서 진실을 마주하고 변화를 다짐하면서 집으로 돌아오지만 다시 익숙한 상황에서 남편을 만나는 순간 예전의 자신으로 다시 돌아가게 된다. 정말 반전이었다. 어쩌면 이 책은 앞에서 말했던 한 여성의 사랑과 삶에 대한 소설이기도 하지만 반전으로 인해 또 다른 추리소설이 아닌가 생각하게 되었다. 옮긴이 공경희 님의 말에서 작가 애거사 크리스티의 실종사건에 대해 알려준다. 딸을 재우고 집을 나섰던 애거사 크리스티의 차가 길가에 버려진 채 발견됐고, 그녀의 행방이 묘연했지만 실종된 지 열흘이 지나서야 요크셔의 한 호텔에서 남편의 불륜 상대였던 여성의 성(姓)으로 체크인해 머무르던 그녀가 발견됐다고. 그리고 자신이 단기 기억상실증에 걸렸다고 밝혔고 이후 이 사건에 대해 철저히 함구했다고. 이 사건 이후 4년이 지난 후 애거사 크리스티는 메리 웨스트매콧의 이름으로 첫 작품 『인생의 양식』을 발표했다고 한다. 이렇게 보면 이 책은 조앤이 어쩌면 또 다른 자아인 애거사 크리스티, 메리 웨스트매콧이 아니었을까 생각하게 된다. 김수지 평론가의 글 속에서 애거스 크리스티에 대해 마침내 '오해'일 수도 있는 '이해'의 길을 마련했고, 작가의 "세상을 속인 것인지 아니면 자신을 속인 것인지 알 수 없다."라는 말에 격하게 공감했다. 남편 로드니가 사랑했던 로슬리가 범죄자인 남편을 어쨌든 그는 아들의 아빠였다고 하면서 "현실의 상황에서 도망치면서 시작하는 것이 공정한 출발이 될 수 있을까요."라고 할 때 그녀의 용기를 인정하면서 "그녀는 자신을 위한 용기를 초월하는 용기, 사랑하는 사람들을 위한 용기를 지닌 여인이었다."라는 말에 가슴이 뭉클하였다.

2022. 8. 12.

단 들키지는 마라

『조인계획』 / 히가시노 게이고

    책 제목을 처음 봤을 때는 과연 무슨 내용일까 하다가, 책 겉모양이 하얀색으로 설산을 생각하게 하는 무늬가 있어서 스키와 관련 있을 것 같은 생각에 하늘을 나는 새와 함께 스키점프가 생각났었다. 예전에 읽었던 『눈보라 체이스』와 『질풍론도』가 생각나면서 히가시노 게이고는 스키를 무척이나 좋아하나 보다 생각했다. 내용은 겨울 스포츠인 스키점프계에 천재성을 지닌 신인선수 니레이 아키라가 어느 날 연인 유코가 지켜보는 앞에서 다른 사람들이 없는 스키점프장에서 혼자 점프대를 뛰어내려 착지를 잘못하게 되고 죽는 장면에서 시작된다. 그러나 사망원인은 독살. 누군가에 의한 독살로 확인되면서 수사가 시작된다. 작가는 니레이 아키라가 전적으로 신뢰하고 있는, 가장 완벽한 알리바이가 있던 코치 미네기시를 범인이라고 바로 독자에게 알려준다. 그런 범인은 누군가에게 자수를 하라는 쪽지를 받게 된다. 그리고 자수를 하지 않자 경찰에게 투서로 범인은 미네기시 코치라고 알려준다. 그런데 경찰은 증거와 살인동기를 찾지 못하고, 범인은 내가 범인인지를 누가 알고 있는지, 그리고 스키점프 선수들 간의 알리바이에 대한 심리에 대해 각각의 시각에서 서술해 간다. 결국 범인의 종적을 찾게 되고 검거해서 살인동기와 증거를 찾게 되지만, 자연스럽지 못한 부분을 발견한 경찰은 다시 수사를 하게 되고 결국에는 그렇게 사건을 마무리한다. 그러나 마지막에 역시 반전이 기다린다. 소설의 마지막 장면에서 연인이었던 유코가 회상하는 장면으로 진범임을 독자만 알게 된다. 소설에서는 인간의 질투심이 얼마나 무서운지 알려주고 있다. 그리고 "스포츠의 세계에서는 비인간적인 방법을 써서라도 이기기만 하면 좋은 평가가 나오는 법.", "이제 어느 누구도 참가하는 것에 의의가 있다는 말을 해주지 않아요. 국가 예산을 들여 출전하는 이상, 무슨 짓을 해서라도 메달을 따 와라, 그러기 위해서는 도핑이든 뭐든 해라. 단 들키지는 마라, 그게 세상의 본심입니다."라고 이야기한다. 그러기 위해서 다른 인간을 희생시켜도 괜찮다고 말한다. 실제 소설 내용에는 서울올림픽에서 도핑테스트에서 걸린 육상선수에 대한 이야기가 몇 차례 나온다. 이 소설을 읽으면서 과연 인간은 인간임을 포기하고 사이보그가 되어야만 경기에서 승자가 되는가 하는 생각에 빠지게 되었다. 오늘 아침 즐겨든던 'Easy English' 라디오 방송에서 'Winning is not everything'이라는 주제로 방송을 했는데 혼란스러웠다. 이기기 위해 인간성을 배제하여야 하는 것인지, 인간이길 원하니 인간적으로 생활하면서 져야 하는 것인지. 난 인간이길 원한다. 그래서 즐겁게 생활하길 원한다. 이제 즐길 시간도 얼마 남지 않았지 않나. 하하하. 그냥 호탕하게 한번 웃고, 난 나에게 그렇다고 하길 원한다.

2022. 8. 31.

얼추 월요일이네

『잠깐 선 좀 넘겠습니다』 / 최원석

이 책을 읽기 전에는 최원석이라는 작가도 최초딩이라는 북스타그래머 또는 출판 마케터를 몰랐다. 그냥 평범한 게 싫어서, 눈에 확 들어온 제목이 한몫했다. 선을 넘는다고 해서 어떤 선을 넘을까? 나는 궁금했다. 그러나 내가 생각하는 모든 종류의 선은 없었다. 이념? 사상? 아니면 19금? 그러나 책을 읽다 보니 그 선은 내가 만든 특별함에 대한 선이었지 않을까 싶다. 그 선을 넘어 보통의 시선에서 보이는 선이지 않을까 싶다. 프롤로그에서 작가는 평범한 사람이 평범하게 살아가며 가졌던 시선을 글로 옮겨 썼다고 했다. 꼭 특별한 이야기만이 책이 될 수 있다고 생각하지 않는다고 했다. 난 이 부분의 글을 보면서 맞아 나도 그런 책을 만들고 싶다고 생각했던 요즘 가끔 혼자 생각했던 마음을 들킨 느낌이었다. 총 쉰여덟 번째 시선으로 이루어진 책은 읽는 내내 평범하면서도 내 주위에서 일어나고 있는 그래서 나도 그냥 옆에서 보고 있는 듯 쉽게 읽어졌다. 어떤 때에는 내가 읽고 있는 것인지 보고 있는 것인지 모를 정도였다. 편했다고 생각된다. 그러면서 보통의 사람이 느끼는 감정이 느껴졌고, 그래서 공감이 되었다. 상상은 자유라는 네 번째 시선에서는 갑자기 훅 들어오는 "부부 아님. 오해하지 마세요."에서 박장대소하였다. 다행히 주위에 아무도 없었던 시간이라 웃고 나서 주위를 돌아보면서 휴~라고 했다. 작가가 속초에 있는 서점 몇 곳을 소개해 주는 시선에서는 나도 다음에 속초에 가면 한번 찾아보고 싶다는 생각이 들었다. '동아서점', '문우당서점'인데 일부러 갔지만 그냥 쓱 지나가다 들어온 것처럼 그렇게 가보고 싶다. 익숙한 동네 서점에 온 것처럼. 작가는 말한다. "익숙함에 속아 소중함을 잃지 말자."는 말이 유행한 적 있는데 오히려 익숙한 것들에 자주 속아 넘어가 낯선 것들을 자꾸 마주해야 된다고 생각한단다. 처음 이 글을 읽고 바로 이해되지 않았지만 두 번, 세 번, 네 번을 읽어보니 조금 이해가 되었다. 난 익숙함을 익숙함으로 좋지만 작가처럼 낯선 것도, 그것으로도 나에겐 하나의 경험이 되어 매우 흥미를 느낀다. 그리고 단어 중 유독 좋아하는 단어가 있는데 작가의 여자친구가 했던 '기껍다'라는 단어를 알게 되어 좋았다. '마음속으로 은근히 기뻐하다'라는 의미라고 한다. 곁에 두고 나도 자주 사용하고 싶은 단어다. 그러나 작가는 은근히 기쁜 것이기에 자주 쓰면 안 된다고 한다. 아주 기쁘지만, 그 기쁨을 부끄러운 마음으로 표현할 때 쓰면 좋다고 한다. 나도 그런 단어가 있는데 '얼추'라는 단어가 은근 좋다. 왜 그런지 모르겠다. 일요일 오후가 되면 나의 아내에게 한 번씩 이렇게 말한다. "얼추 월요일이네." 그러면 아내가 맞다고 웃는다. 그게 그냥 평범하게 얼추 좋다. '어지간한 정도로 대충', 또는 '어느 기준에 거의 가깝게'라는 의미로 얼추라고 쓰지만 왠지 그 말에 묻어있는 정겨움이 느껴진다. 작가의 말처럼 남들 다 할 수 있는 그런 말이 아닌, 나만 할 수 있는 말을 건네는 사람이 되고 싶다. 마지막으로 이 책에서 배우고 싶은 부분이 있다. 마음에 여유가 없을 때는 마음을 비워야 한다고 말하는 부분이다. "그렇다면 이 꽉 찬 마음을 어떻게 비워야 할까. 돈이 많으면 돈을 쓰면 되고, 시간이 많으면 시간을 쓰면 되듯 마음이 많으니 마음을 쓰면 된다. 그게 뭐가 됐건 최대한 행복할 수 있는 방식으로." 무엇을 하든 그게 자신이 행복할 수 있으면 좋겠다. 나도 특별한 것보다 평범하고 보통인 내가 행복한 시간을 보내고 싶다. 이 책에서 또 한번 배운다.

2022. 9. 9.

이해할 수 없던 걸
이해하게 되는 과정

『타인의 집』/ 손원평

『아몬드』라는 책으로 유명한 작가 손원평의 책이 오랜
만에 보여서 아무 생각 없이 읽기 시작했다. 책 제목도 『타인의
집』이라 왠지 영화 『기생충』이 떠올랐다. 소설을 읽어갈수록 내
생각이 완전 틀렸구나 싶었다. 책은 「4월의 눈」, 「괴물들」, 「zip」,
「아리아드네 정원」, 「타인의 집」, 「상자 속의 남자」, 「문학이란 무
엇인가」, 「열리지 않은 책방」이라는 8편의 단편으로 이루어져 있
었다. 이혼을 하기로 결정한 부부가 예전에 게스트하우스처럼 또
는 한국의 일반가정 체험처럼 운영하려고 홍보했을 때 예약했지
만 개인적인 일로 오지 못했던 핀란드 사람 마리가 4월에 방문
하겠다고 연락 오면서 별거하는 모습을 보이기 싫어서 다시 같

은 방에서 서로 등을 맞대고 생활하게 된다. 다시 신혼 같은 느낌을 가지기도 하시만 결국 헤어지기로 했던 이유가 슬그머니 그들과 마주하게 된다. 산타클로스의 고향 핀란드에서 온 마리가 4월의 선물로 잠깐 느껴졌지만 누구나 그렇듯이 선물은 그냥 선물로 잠시의 기분을 즐겁게 해주는 것이고 다시 일상의 생활로 돌아와야 한다는 것이다. "아주 흔한 일이죠. 사실 그런 건, 어디에서나 일어나는 일이랍니다."라고 한 마리의 마지막 말이 내심 다행이구나 하고 생각이 들었다. 두 번째 나오는 「괴물들」은 처음부터 장르가 호러라고 제목과 첫 글에서 이렇게 밝힌다. "아빠를 죽일 거야. 오늘, 저녁, 우리 손으로."라고. 읽는 내내 혼돈이었다. 어린이집 교사이고 주인공인 엄마는 중매로 남편을 만났지만 아기가 생기지 않아 의학의 도움으로 어렵게 어렵게 쌍둥이를 가졌고, 그동안 아기를 갖기 위해 부부가 치른 희생이, 빚이, 이자와 함께 불어나고, 생활이 궁핍해지면서 가족의 관계가 어두워지는 결과까지 나오게 된다. 그러다 남편은 화장실에서 목을 매달아 죽고 정신적 충격에 빠지고 두 아들이 제사를 지내는 장면으로 끝난다. 중간중간 어린이집에서 일어나는 일이 예전에 있었던 일과 섞여서 혼란스럽지만 마지막이 씁쓸하였다. 그리고 호러가 아니구나, 슬픈 인생사였구나 라고 생각하게 만드는 내용이었다. 왜 제목이 「집(zip)」인지 모르겠다. 압축적이라는 의미인지 그냥 집을 은유적으로 이야기하는 것인지 모르겠다. 내용으로 영화라는 여자의 젊은 시절 남편 기한을 만나는 시간부터 손녀딸에게 살아온 이야기를 이야기하는 마지막까지 참 많은 일들이 있었다.

영화는 틈만 나면 속으로 중얼거리는 "미쳤지. 내가 미쳤지. 내가 미친년이지." 하는 말들이 그렇게 욕되게 들리지도 않을 정도로 공감되었다. 남편과 사는 동안 그렇게 힘들어 작은 애가 성인이 되면 탈출하려고 이를 빠드득 갈면서 견뎠는데, 남편이 사고로 식물인간처럼 되어 그나마 가지고 있던 재산도 병원비로 모두 탕진하여 백화점의 캐쉬로 일하게 되고, 오랫동안 시간이 지나면서 그렇게 속 썩인 남편은 아이들 기억 속에서 점점 좋은 사람, 이해가 되는 사람, 불쌍한 사람, 살아 있지만 그리워할 수밖에 없는 사람이 되어간다는 것이 아이러니하게 보였다. 그러나 나도 시간이 흐르면서 미워했던 아버지가 우리 5남매를 키우기 위해 고군분투했던 불쌍한 사람으로 보이는 것과 같아 보이면서 이해가 되었다. 손녀딸이 졸라서 해주는 옛날이야기를 영화는 '옛날 옛날에 할머니는 할아버지와 함께 살게 되었단다.'로 시작해서 영화의 삶을 동화 속 아름다운 이야기로 만들어 들려주는데 손녀딸이 그런다. "근데 할머니 왜 울어?" 여기에 영화는 기막히게 답을 한다. "이 이야기의 끝이 너라서."라고. 모든 일을 되돌려 일어나지 않게 하는 건 불가능했다. 그러므로 가능한 쪽을 택하고 편들어야 했다. 가능하고 확실한 건 눈앞에 보이는 이 새롭고 무궁한 아이라고 영화는 깨닫는다. 무엇이라고 말할 수 없지만 그냥 느껴지는 무엇인가를 알겠다. 우리의 미래가 확실히 이럴 수도 있겠다 싶은 「아리아드네 정원」에서는 현재도 심각한 인구문제와 노인문제를 다루고 있다. 늙어간다는 건 이해할 수 없던 걸 이해하게 되는 과정이라고 하는 부분이 공감이 되었다. 「타인의 집」이라는 장으로 들어왔을 때 사실 나도 모르게 기대를 하게 되었다. 음반으로 보면 타이틀곡이라고 느껴졌기 때문이다. 그러나 역시 기대를 저버리지 않았다. 전세의 전세를 낸 사람이 면접으로 전전세할 사람을 택하고, 갑자기 집주인이 전세를 안고 매매를 시도하여 보금자리가 위태로워지는 「타인의 집」이 읽은 동안 너무 재미있었다. 「상자 속의 남자」라는 소설은 택배를 하는 남자 이야기인데, 읽다가 나도 모르게 눈물이 나왔던 이야기다. 지금은 6인실에서 식물인간처럼 치료를 받고 있는 형은 사실 자신의 몸을 날려 여자아이를 구하고 자기는 트럭에 치여 행복했던 일상생활을 모두 잃어버린 현실이 안타까워 형에게 동생이 물어본다. 이렇게 된 거 후회하지 않는지. 그날로 다시 돌아가면 똑같이 할 거냐고. 형은 말한다. "있잖아. 이미 일어나버린 일에 만약이란 없어. 그건 책임지지 못할 꿈을 꾸는 거나 마찬가지야. 하지만 한 가지는 말할 수 있지. 어떻게 하든 누군가는 아프게 된다고. 반대로 말하면 누군가는 기쁘게 되는 거지." 작가는 어떻게 이 말을 찾았을까. 다시 읽어도 그렇겠지만 난 내가 불행하다면 다시 돌아가서는 그렇게 하지 않을 거 같다. 그런데 주인공의 형은 어떻게 이런 답을 할 수 있을까 싶다. 다행이라고 생각하는 내가 참 부끄럽지만, 용기 없는 내가 나를 다행이라고 생각하게 된다. 나중에 우연히도 쓰러진 여자를 살리려고 심폐소생술을 열심히 하는 소녀가 형이 살린 여자였다는 것을 알게 된 주인공은 희생과 영웅은 거기에서 끝이 아니라 돌고 돈다는 것을 느낀다. 「문학이란 무엇인가」라는 제목의 소설에서는 사람들의 관계 속에 개인은 무리에서 멀어지기도 하지만 가깝게 옆에 있고 그 모든 것들이 엮여 있다는 것을 말해준다. 마지막 몽환적인「열리지 않은 책방」에서는 어디서부터 책방은 열린 것인지, 열리지 않은 것인지, 그래서 손님과 주인은 어떤 관계에 있는 것인지 몽환적이게 보였다. 한때 손님이었던 그는 이제 다만 누군가로 되었다는 것이 나도 잠시 누군가의 손님이었다가 다시 삼자가 되어, 무리가 되겠구나 싶다.

2022. 10. 4.

그래도 우리는
울 수 있다

『운다고 달라지는 일은 아무것도 없겠지만』 / 박준

　　최원석 작가의『잠깐 선 좀 넘겠습니다』책을 읽다가
내용 속에 박준 시인의『운다고 달라지는 일은 아무것도 없겠지
만』을 소개하는 부분이 나왔는데 그 부분이 생각나서 읽어보기
로 선택했고, 그 선택은 참 잘한 것 같다. 나의 짧은 생각보다 많
은 부분이 나에게 좋은 기운으로 다가왔다. 책 표지도 그렇고, 종
이의 질감이 정말 옛날 책처럼 느껴지도록 만들어서 그랬는지,
첫 페이지에 나오는 작가 박준 시인의 "1983년 서울에서 태어났
다."라는 문구를 보고 잠시 난 혼란스러웠다. 내 나이(1971년 태어
난 나)에 비해 나이가 많은 작가일 거라는 나만의 가벼운 오해에
대해 내가 우스웠다. 오랜만에 읽는 산문집이라 신선하게 느껴

졌지만 첫 번째 나오는 제목이 「그해 인천」, 그리고 두 번째 제목이 「그해 경주」, 그리고 중간중간 나오는 그해 시리즈에는 여수, 협재, 화암, 묵호, 혜화동, 행신, 삼척으로 해서 마지막 '나가며'에서 「그해 연화리」의 제목으로 "늦은 밤 떠올리는 생각들의 대부분은 나를 곧 떠날 준비를 하고 있었다."라는 문구로 마무리를 한다. 나는 이런 형식과 이렇게 마무리하는 작가의 의도가 인상적이고 강렬하게 느껴졌다. 그렇게 길지 않은 책 두께지만 나는 한 달을 두고 이 책을 음미하면서 읽었다. 작가는 고독과 외로움에 대해 이렇게 말한다. "고독과 외로움은 다른 감정 같아. 외로움은 타인과의 관계에서 생기는 것일 텐데, 예를 들면 타인이 나를 알아주지 않을 때 드는 그 감정이 외로움일 거야. 반면에 고독은 자신과의 관계에서 생겨나는 것 같아. 내가 나 자신을 알아주지 않을 때 우리는 고독해지지. 누구를 만나게 되면 외롭지 않지만 그렇다고 해서 고독이 사라지는 것은 아니야. 고독은 내가 나를 만나야 겨우 사라지는 것이겠지. 그러다 다시 금세 고독해지기도 하면서." 이 글을 나는 첫 번째 읽었을 때는 "아! 그렇구나" 했다가, 다시 한번 더 읽었을 때 "난 고독과 외로움을 동시에 느끼고 있구나." 했다. 이율배반적으로 난 몹시도 복잡하게 생각하고 있구나. 그래서 너무도 강하게 인정하고 있는 것은 아닐까 생각했다. 주변의 직장동료는 언젠가 나에게 말했다. 혼자 잘 노는 사람이 멋진 사람이라고. 고독과 외로움을 읽으면서 난 직장동료의 말도 같은 맥락으로 느껴졌다. 난 캠핑을 좋아해서 가끔 금요일 오후에 휴가를 내고 캠핑을 간다. 캠핑을 가는 나에게 가장 중요한 목적 중 하나는 낮술을 즐기기 위해서다. 환한 대낮에 혼자 시원한 맥주에 소주를 한잔 타서 먹는 소맥은 과연 나에게 제일 가는 사치이며 즐거움이다. 작가는 「낮술」이라는 제목에서 이렇게 말한다. "사는 게 낯설지? 또 힘들지? 다행스러운 것이 있다면 나이가 든다는 사실이야. 나이가 든다고 해서 삶이 나를 가만두는 것은 아니지만 적어도 스스로를 못살게 굴거나 심하게 다그치는 일은 잘 하지 않게 돼."라고. '아… 그랬구나.' 싶었다. 나의 낮술이 그런 의미도 있겠다 싶었다. 치열하게 평일을 스스로 다그치게 살다가 금요일 오후의 낮술이 나에게 또 다른 덜 다그치는 것일 수도 있겠구나 싶었다. 또 대화하는 부분에 대해서도 좋은 부분을 배웠다. 자신이 말을 하는 시간과 상대방의 말을 듣는 시간이 사이좋게 얽힐 때 좋은 대화가 탄생하는 것이라고, 「소설가 김선생님」에서 작가는 말한다. 그런 분과 대화를 하면서 술 한잔 하고 있는 상황을 상상해 보니 너무나 부러웠다. 부러우면 지는 거지만 져도 좋게 부러웠다. "어쩌면 내가 가장 그리워하는 것은 과거 사랑했던 상대가 아니라, 상대를 온전히 사랑하고 있는 나의 옛 모습일지도 모른다."라는 글에 어느 부분인지 모르게 확 들어오는 사랑의 감정이 나에게 옛사랑을 생각하게 하였다. 책 중간에 내가 정말 좋아해서 여러 번 읽었던 무라카미 하루키의 소설 『상실의 시대』의 내용이 나오는데 박준 시인이 꼽은 부분이 신기하게도, 나도 엄청 좋아하는 부분이었다. "어떤 사람들에게는 사랑이란 게 지극히 하찮은, 혹은 시시한 데서부터 시작되는 거야. 거기부터가 아니면 시작되지 않는 거지."라든가 "가령 지금 내가 자기에게 딸기 쇼트 케이크를 먹고 싶다고 하면 말이야. 그러면 자기는 모든 걸 집어치우고 그걸 사러 달려가는 거야. 그리고 헐레벌떡 돌아와서 '자, 미도리 딸기 쇼트 케이크야.' 하고 내밀겠지. 그러면 나는 '흥, 이런 건 이젠 먹고 싶지 않아.' 그러면서 그걸 창문으로 휙 내던지는 거야. 내가 바라는 건 그런 거란 말이야."라든지. 오랜만에 혼자서 씩 하고 웃을 수 있었다. 가끔 아내와 캠핑을 갔다가 집으로 돌아오면 맨 먼저 하는 말이 "아, 집이 최고야."라고 아내가 말한다. 그러면 나는 "그걸 느끼려고 캠핑을 가는 거지." 하고 응답한다. 그런데 작가도 어느 연세가 지긋한 한 분에게 이렇게 들었다고 말한다. "일상의 공간은 어디로든 떠날 수 있는 출발점이 되어주고 여행의 시간은 그간 우리가 지나온 익숙함들을 가장 눈부신 것으로 되돌려 놓는다. 떠나야 돌아올 수 있다." 맞는 말인 것 같다. 「어른이 된다는 것」에서 작가는 나이를 먹는 것에 대하여 이렇게 말한다. "제가 잘은 모르지만 한창 힘들 때겠어요. 적어도 저는 그랬거든요. 사랑이든 진로든 경제적 문제든 어느 한 가지쯤은 마음처럼 되지 않았지요. 아니면 모든 것이 마음처럼 되지 않거나. 그런데 나이를 한참 먹다가 생각한 것인데 원래 삶은 마음처럼 되는 것이 아니겠더라고요. 다만 점점 내 마음에 들어가는 것이겠지요. 나이 먹는 일 생각보다 괜찮아요. 주이 씨도 걱정하지 말고 어서 나이 드세요." 예전에 누군가 나에게 물어봤다. 혹시 타임머신을 누군가 발명했다면 언제로 돌아가고 싶냐고. 난 이렇게 대답했다. "난 다시 돌아가기 싫어. 내가 지금 여기까지 올 수 있었던 것은 나름 최선을 다해서 여기까지 왔어. 그래서 내가 다시 돌아가도 이것보다 더 잘할 수 있다고 생각하지 않아. 그냥 지금이 좋아." 나이가 든다는 것이 불행한 일이 아니라 여유가 생긴다는 것이 나는 좋다. 그래서 난 그 연세 지긋한 분의 말에 찬성한다. 드디어 이 책의 제목이 왜 이렇게 나왔는지 이 책의 후반에 나온다. 「고아」라는 부분에서 "우리는 모두 고아가 되고 있거나 이미 고아입니다. 운다고 달라지는 일은 아무것도 없겠지만, 그래도 같이 울면 덜 창피하고 조금 힘도 되고 그러겠습니다." 맞는 말이다. 같이 울면 덜 창피하고 힘도 된다. 고 김대중 대통령이 하신 말씀 중에 "힘없는 대중은 담벼락을 쳐다보고 욕이라도 할 수도 있다."라고 하셨던 말씀이 생각이 났다. 운다고 달라지는 일은 아무것도 없겠지만, 우리는 울 수 있다는 것에 나에겐 더 방점이 찍혔다.

2022. 10. 19.

안에 있는 모든 것은
목숨보다 못함

『안에 있는 모든 것(Everything inside)』 / 에드위지 당티카

　　나는 점심시간이면 도시락을 먹고는 빨리 치카치카를
하고 산책을 나간다. 양치질을 '치카치카'라고 말하면 아내가 웃
는다. 어린애들이 그렇게 말하는데 어른이 그렇게 말하니 이상하
다고 양치질이라고 말하라고 하는데 나는 '치카치카'가 좋다. 왠
지 어감도 좋고, 그런 행동을 말로 표현하는 게 더 좋아서 나의
아내가 그렇게 구박을 해도 난 굳이 그렇게 말한다. 하여간 산책
을 하면서 라디오를 듣는 게 나만의 기쁨 중 하나인데 그때 나오
는 방송이 '윤고은의 EBS 북카페'라는 프로그램이고, 그 방송에
서 이 책을 소개하고, 짧게 내용을 읽어주었다. 짧게, 딱 궁금하
게. 그 뒷이야기가 너무도 궁금해서 '이 책은 읽어야 해!' 하고 선

택한 책이 이 책이었다. 윤고은이 읽어준 부분은 책 내용 8개의 에피소드 중 처음으로 나오는 「남겨진 아이」였다. 친구에게 남편을 빼앗기고 그래서 전남편이 된 남자가 친구였으나 지금은 전남편의 여자친구가 된 올리비아가 납치를 당해서 돈이 필요하다는 이야기를 주인공 엘시가 전화를 받는 것으로 시작한다. 엘시는 환자를 돌보는 일을 하고 있고, 전남편은 올리비아를 살리기 위한 몸값을 모아야 하는데 돈이 부족해서 엘시에게 돈을 송금해 줄 것을 요청하고, 은행에 있는, 저축해서 모은 돈 6,900달러 중 5,000달러를 올리비아의 몸값으로 "엘시는 전남편에게 송금해 줄까요?"하고 책 소개를 윤고은이 하고 방송이 끝났다. 난 그 후 전남편의 말이 진실인지 아니면 전남편도 보이스피싱을 당했는지 판단을 하지 못하고 있는 주인공 엘시의 마음이 느껴졌다. 그리고 만약 나라면 어렵게 모은 돈을 선뜻 송금해 줄까 의문을 가지지 않을 수 없었다. 그래서 찾아서 읽어보니 이런 반전이… 정말 반전이었다. 엘시는 어렵게 오전 근무를 비우고 은행에 가서 전남편에게 송금을 했고, 전남편은 올리비아가 끝내 죽어서 돌아왔다고 한다. 그리고 전남편은 다시는 전화를 하지 않았다. 맞다. 전남편이 사기를 친 것이고 모든 건 거짓말이었다. 올리비아와 함께 자작한 납치극으로 지인들에게 돈을 뜯어낸 것이다. 그리고 전남편의 친구인 데데와 분통을 터뜨리며 데데의 가게에서 술을 마시고, 술에 취해 데데가 자신의 집에 데려다준다. 엘시의 집 현관문에 '안에 있는 모든 것은 목숨보다 못함.'이라고 적혀 있었다. 그 옆에 '넌 훔쳐, 난 쏜다.'라는 말과 함께. 아! 그래서 「안에 있는 모든 것」이라는 제목이었구나 라고 생각했다. 데려다준 데데에게 그녀는 블라우스의 단추를 하나씩 풀기 시작했고, 술이 약하진 않지만 오늘 밤만 약하다고 말하면서 끝난다. 결국엔 엘시는 새로운 사랑을 찾는 것인가. 재미있는 소설이라고 생각했다. 이 책은 에피소드마다 첫 문장이 강렬하다. 「남겨진 아이」에서도 그랬지만 두 번째 「옛날에는」에서는 남편이 임종을 앞두고 있다고 여자가 전화로 말한다. 그리고 마지막 소원으로 당신과 조금이라도 시간을 보내고 싶다는 전화를 받는 주인공 나디아로 시작된다. 임종을 앞두고 있는 그 여자의 남편은 단 한 번도 본 적이 없는 주인공의 아버지였다. 미국에서 엄마가 아버지랑 사귀다가 아이티라는 조국의 제건을 위해 고향에 돌아가는 아버지와 이별하고 나서 엄마는 임신을 알게 되고 그 사실을 아버지에게 말하지 않았다고 한다. 그렇게 한 번도 본 적이 없는 죽어가는 아버지를 만나기 위해 비행기를 타고 도착한 공항에는 아버지의 아내는 마중을 나오지 않고 문자메시지로 주소를 남기고 택시를 타고 와달라고 한다. 찾아간 집에는 아버지의 아내와 그들의 지인이 있었고 아버지의 아내는 아버지를 만나기 위해 전후사정을 이야기해 준다. 그리고 알게 된다. 나디아가 탄 비행기가 착륙하기 직전에 아버지는 세상을 떠났다는 것을. 그리고 나디아가 그러자고 하면 사망 선고를 할 예정이라고 한다. 읽으면서 이렇게 이야기가 진행되어도 좋구나 하고 생각되었다. 잔잔하지만 신선한 충격과 아련한 느낌이라고 할까. 잘 표현하지는 못하지만 대략 그런 느낌이 들었다. 다음 에피소드로 「포르토프랭스 결혼

스페션」에서 첫 문장은 "마담, 그 사람들이 제가 죽을 거래요."로 시작된다. 역시 강렬하다. 남편과 함께 작은 호텔을 운영하고 있는 주인공의 호텔에서 요리사로 일하는 엄마의 딸인 스물한 살의 멜리상드는 주인공 아들의 보모로 일하면서 호텔의 직원용 방 하나에 엄마랑 같이 살고 있다. 멜리상드는 시다에 걸렸다고 한다. 시다(SIDA)는 에이즈(AIDS)를 말한다. 그래서 주인공은 멜리상드를 불쌍하게 여겨서 의사도 소개시켜 주고 고가의 약도 사주면서 치료할 수 있도록 도와준다. 그러나 소개받은 아이티인 의사는 돌팔이 의사였고 병과 상관없는 약을 팔아서 도망을 가버린 것을 알게 된다. 병세는 악화되어 다른 의사에게 다시 치료를 받게 된다. 엄마랑 같이 살아서 그럴 리 없다고 생각했는데 나중에 호텔에 오는 손님이 멜리상드에게 결혼을 하자고 하면서 성관계를 가지고 가짜 금으로 만든 싸구려 반지를 준 것을 알게 된다. 멜리상드도 속았음을 알고 있는 것으로 끝나지만 읽고 나서도 찝찝함은 어쩔 수 없었다. '청춘의 젊은 사람들은 한순간으로 영원을 느낄 수도 있다는 것도 그것도 시간이 지나면 잊어버릴 수도 있겠구나.' 하고 생각이 든다. 나도 나의 젊은 시절은 이제는 기억나는 몇몇 부분 이외에는 생각나지도 않는다. 다행이다. 그리고 지진이 일어난 뒤 7개월 만에 유부남 정부에게 선물을 주기 위해서 만나는 에피소드 「선물」에서는 지진으로 아내와 아이, 그리고 자신의 다리마저 잃어야 했던 남자에게 그림을 선물하는 장면에서 이 선물은 과연 어떤 의미의 선물이었을까? 남자는 선물을 받지 않고 돌아간다. 「열기구」라는 에피소드에서는 그렇게 기억이 남지 않는다. 여성 인권에 대해 생각하게 하는 내용이지만 주인공의 룸메이트의 가슴 쪽 타투가 바구니가 달리지 않은 열기구 2개 모양이었고, 파란색과 빨간색의 아이티 국기의 두 가지 색으로 되어 있다는 것이다. 그러나 사실 그것은 파리를 쫓으려고 창문에 걸어둔 물을 가득 채운 투명한 비닐봉지 2개에 의미를 담아서 새겼다는 것이다. 가슴이 아팠던 「해가 뜨네, 해가 지네」라는 에피소드는 듣는 순간 슬퍼지는 치매에 관한 이야기다. 아기의 얼굴 위로 턱받이를 올리면서 '해가 지네!', 턱받이를 내리면서 '해가 뜨네!'라고 하는 놀이를 제목으로 했다. 치매인 엄마가 딸의 아기를 돌보다가 테라스에서 아기를 떨어뜨릴 뻔한 엄마를 진정시키고 응급구조대원들이 엄마를 데려간다. 치매는 걸린 사람도 돌보는 사람도 분명 힘든 것이다. 묘하게 해가 뜨고, 지는 놀이가 우리나라의 까꿍 놀이 같지만 이렇게 해가 지는 듯 사람도 그런가 보다. 「일곱 가지 이야기」라는 에피소드에서는 일곱 살이 된 킴의 집에 놀러 온 또래의 캘리가 자기 섬나라 총리의 아내가 되어 킴을 초대해서 자기 나라를 소개하는 내용인데 사실은 내용이 생각보다 무겁다. 보여주고 들려주는 것과 현실은 엄밀하게 다르다는 것. 그래서 난 읽고 나서도 멍하게 느껴졌다. 마지막 에피소드가 나는 가장 안타까웠다. "아르놀드가 상공 150미터에서 추락하는 데는 6.5초밖에 걸리지 않았다."로 시작한다. 마지막까지 강력하게 시작한다. 그 떨어지는 6.5초 동안 눈앞으로 그동안의 기억들이 필름처럼 지나가면서 지난 일을 회상한다. 꿈을 위해 마이애미로 밀항을 시도하는 장면으로 선장이 해변까지 헤엄쳐서

가라고, 남자 10명과 여자 4명은 바다 한가운데 던져지고, 겨우 살아서 도착한 해변에는 경찰이 기다리고, 겨우 밀항을 도와주던 여자 다들린의 도움으로 해변에서 탈출하고, 그렇게 도와준 다들린을 사랑하게 되고, 결국 아들 파리를 둔 그 다들린과 가족을 이루게 된다. 아르놀드는 막노동을 하던 높은 건축물의 안전띠에서 몸이 빠지고 떨어지면서 죽는다. 너무 불쌍하게 느껴졌다. 이 에피소드의 제목이 「무심사」이다. 처음에는 무슨 뜻인지 몰랐다. 그러다 중간에 이런 말이 나온다. 밀항으로 바다에서 살아남은 다들린과 파리는 여성 쉼터에 보내지면서, 이민 상담소의 변호사가 그걸 '인도적 체류허가'라고 했다. 그 변호사는 아르놀드에게 그가 '무심사로' 이 나라에 들어왔다고 말했다는 장면이 있다. 그때 알았다. 그 '무심사'였구나 하고. 그는 미국에 도착한 날 그가 입국심사관 앞에 선 적이 없다는 것이고, 그건 엄밀히 따져 말하면 이곳에 존재하지 않는 사람이라는 뜻이라고. 그리고 그는 결국 무심사로 돌아갔다. 그래서 「무심사」가 제목이었구나 싶다.

2022. 11. 1.

또 썼더라

「자본주의의 적」/ 정지아

이 책을 알게 된 계기는 라디오를 듣다가 책 광고가 나왔는데, 이렇게 광고가 시작되었다. "아버지가 죽었다. 전봇대에 머리를 박고." 처음 광고를 듣고는 그냥 넘어갔는데, 다음 광고를 들을 때는 '이게 뭐지?'라고 생각했고, 다시 들었을 때는 참 재미있겠다. 빨치산의 딸이 소설을 썼다는데 읽어보고 싶다. 그래서 우리 회사의 도서관에 검색을 해보니, 아직 도서관에 없는 것을 알고 희망도서로 신청했다. 그러면서 작가 정지아에 대해 검색해 보니 「자본주의의 적」이라는 이 책이 도서관에 있었고, 무엇보다 제목이 재미있어서 읽기 시작했다. 과연 우리가 어려서부터 배웠던 자본주의의 적은 무엇일까. 정말 심오한 이야기 같아 보여 재미없을 듯도 한데 난 반대로 재미있어 보였다니 신기하다. 이 책도 9개의 짧은 소설 또는 수필(난 그렇게 보였다)로 이루어진 '소설집'이다. 소설집이라는 말은 당당하게 책표지에 '정지아 소설집'으로 표기되어 있다. 그 첫 장이 이 책의 제목인 「자본주의의 적」이라는 소설인데 자기의 사실적 이야기와 친구의 이야기를 적절하게 재미있게 풀어쓴 이야기다. 난 이 첫 장을 읽고, '아! 그래서 이 책의 제목으로 선택했구나!' 생각했다. 첫 장을 읽는 내내 혼자서 웃었고, 그러다 옆에 직장동료가 나에게 읽고 있는 책을 보면서 물었다. "그래서 자본주의의 적이 뭔데요?" 하고. 난 바로 답을 하지 못했다. 내가 이제까지 배워왔던 자본주의의 적은 사회주의나 공산주의일 텐데, 이 책에서 말하는 적은 자본주의의 동력 그 자체인 욕망을 부정하는 자들이라는 것과 머리에서 일치되지 않았기 때문이다. 작가는 자기의 친구의 '자폐가족'을 들어 말한다. "욕망을 이성으로 통제하여 평등하게 함께 누리자는 게 사회주의다. 자폐가족은 보다 근원적으로 욕망 그 자체가 부재함으로써 자본주의의 전원을 '오프'시킨다. 자본주의에 이보다 더 강력한 적은 없다." 그리고 마지막 글귀의 한 방이 강력하다. "부디 이 욕망 없는 자들에게 번식의 능력을!" 맞다. 부디 그렇게 되면 자본주의는 무너질 것이다. '방현남', 작가의 친구인 여자 이름이지만 묘한 매력이 느껴진다. 이 친구는 사람의 눈에 띄지 않는 신묘한 비기를 터득했다. 방현남은 새로운 모든 것에 공포를 가지고 있고, 낯선 사람을 만나는 것에 대한 공포로 매일 설사를 하고, 체해서 고등학교를 졸업할 때 몸무게가 36킬로밖에 안 될 정도였다. 이 정도면 매일매일이 공포 그 자체였을 텐데, 정말 잘 버틴 거고 '존버(존나게 버티기)'한 거라고 생각한다. 이런 존버가 신묘한 비기로 바뀌었을 것 같다. 이런 방현남이 시험을 보는데, 시험지를 옆으로 돌렸을 때 글자가 거꾸로 있어서 당황해 아무것도 못 한 부분이 나온다. 나는 충분히 공감이 되었다. 분명 시험지를 돌리면 되는데, 자리를 바꿔 앉아야 한다는 생각에서 벗어나지 못하고 있는 걸 답답하게 보고 있던 선생님이 시험이 거의 끝날 무렵 사태를 파악하고 시험지를 돌려준다. 내 학창 시절에 나도 시험을 집중해서 보다가 갑자기 온 세상이 빙글빙글 도는 그래서 어지러워 눈을 한동안 감고 있어야 했던 경험이 있다. 어느새 시험에서 벗어난 지금은 그런 현상이 없지만, 그 당시에는 나에게도 당황과 함께 공포였다. 그런 걸 버틴 방현남이 난 가깝게 느껴졌다. 그런 현남에게 그녀와 흡사한 남편이 생기고, 그녀와 흡사한 아들 둘이 생겨 자폐가족을 구성한다. 이것 또한 대단하다. 어찌 우연에, 우연에, 우연을 겹쳐서 이렇게 가족을 구성할 수 있었을까. 기적과도 같아 보인다. 그런 현남의 남편은 성경처럼 '자본론'을 읽는 노동자로 성실하다. 작가는 말한다. 이룰 수 없는 꿈인 것을 알면서도 포기할 수 없는 자는 성실하다고. 작가의 부모도 그랬다고. 방현남과 자폐가족의 이해할 수 없는 정직함과 운전을 못해서 작가가 가는 날에 장을 보고 가족회식을 하고, 작가인 친구가 소설집을 내면 전화를 해서 "또 썼더라. 뭘 그렇게 써대. 정 쓰고 싶으면 혼자 써. 쓰고 버려."라고, 친구를 엿 먹이는 방현남은 그래도 좋은 것을 보면 "좋네, 쩝쩝." 좋기는 한데 내 것은 아니라는 순간적

책 한 권 읽으면서

인 포기가 내포된 말을 내뱉는 부분을 보고 한참을 웃었다. 쩝쩝. 자본주의의 완전한 적인 자폐가족이 너무 사랑스럽다. 다음 장에 나오는 「문학박사 정지아의 집」에서는 첫 문장이 "좆됐다."로 시작한다. 강렬하다. 얼굴이 화끈했다. '와! 이거 뭐지! 문학박사가 이런 욕을?' 하면서. 그러나 읽어보니 역시 자기의 이야기를 풀어서 쓰는 것이 너무 담백하게 느껴졌다. 귀촌(?) 아니 고향으로 돌아와서 살다가 우연찮게 기자의 인터뷰가 잡히고 농사를 잘하고 있다는 걸 보여야 하는 상황에서 동네 할머니 같은 아주머니를 써서 결국에는 잘 치렀다는 내용인데 별거 아닌 내용인데도 너무 재미있다. 작가는 시골의 법칙을 알려준다. "한 사람이 알면 다 안다." 중요하지 않을 것 같지만 정말 중요하다. 시골의 장점이자 무서운 점이다. 다음은 아흔아홉 해를 산 어머니의 삶을 돌아보며 그녀의 시간이 검은 방에 갇혀 있다는 내용의 「검은 방」에서는 아흔아홉 해의 기억들이 그 검은 방에 공기처럼 소복이 쌓여 있다. 나도 그렇게 어느 날 내 방에 하나씩 기억을 쌓고 있을 것으로 예상된다. 그다음으로 나오는 내용의 제목이 이상했다. 「아하 달」처음 봤을 때 뭘까 했고, 첫 글귀에 또다시 뭐지 했다. "나는 제왕이다. 알래스카 대설원을 치달리며 얼어붙은 대기를 뒤흔들어 바람을 일구던 바람의 제왕이다."로 시작하지만 자기가 '암늑대'라 생각하는 어느 암캐의 이야기였다. 자기는 특별한 늑대의 피를 받아 고귀하게 행동하지만, 순간의 욕정으로 새끼를 낳고 달빛 속에 짖는 장면에서 "아하. 달이구나." 하고 맺는 장면에서 제목을 이해했다. 다음에 나오는 「애틀랜타 힙스터」에서는 K읍에 있는 프카페를 운영하는 여사장님과 ㅍ카페를 찾아오는 단골손님들의 이야기다. 남들로부터 애틀랜타 힙스터가 된 그러나 자기는 모르는 스텔라, 소개팅 어플로 매번 여자가 바뀌는 존의 이야기다. 존이 모은 돈을 다 쏟아부어 샀다는 자전거『헬리우스 티타늄 팀700』책을 읽다가 바로 검색해 보니 7백만 원 정도의 가격이었다. 내가 보기엔 별로인데 그게 그렇게 좋아 보였나 보다, 존은. 그리고 「엄마를 찾는 처연한 아기 고양이 울음소리」에서는 어쩌다 알게 된 길고양이가 자기 집에서 새끼를 낳고 가출을 해서 동생에게 아기 고양이를 분양시키고, 일에 지쳐 아직 남자친구와 결혼은 계획 없지만, 임신을 하게 되어도 아직은 일을 하는 게 좋다는 여자의 이야기는 묘하게 가출한 고양이의 마음과 오버랩되어 보인다. 다음에 나오는 「계급의 완성」에서도 "그 순간 고개를 돌리지 말았어야 했다."로 시작하는 첫 문장이 흥미로웠다. 난 교통사고가 났었나 아니면 싸움이 되었나 생각했는데 엉뚱했다. 아파트 경비아저씨인 주인공이 버스 창밖으로 본 것은 옆 차선에 정차 중인 무려 육억이 넘는다는 롤스로이스 팬텀 뒷자리에 회장 같은 사람의 분홍색 발바닥. 주인공은 하필 그때 버스가 너무 오래 정차한 게 문제였다고 탓한다. 그 후 그는 자기도 분홍색 발바닥을 갖고 싶어서, 풋케어를 시작하기 위해 카드를 긁는다. 팔십오만 삼천 원. 그의 월급 백오십, 그중 삼 분의 이를. 정말 계급의 완성은 발바닥일까? 그 뽀얀 분홍색 발바닥. 누구에게는 그렇게 보이겠다는 생각이 들었다. 「존재의 증명」에서는 카페에서 에티오피아 하라를 마시다가 갑자기 자기가 누군지 여기가 어딘지 아무것도 생각나지 않게 된

주인공의 이야기가 나온다. 주인공의 존재는 기억나지 않는데 자기의 익숙한 취향은 확실해서 사라지지 않는다. 겨우 자기가 있었다는 아파트에서 들어가 낯설지만 자기 취향인 토고 소파에서 그는 자신이 누구인지도 모르는 채 편안한 잠 속에 빠져든다. 이해가 된다. 나도 술 취해서 필름이 끊어졌지만 어느새 익숙한 내 취향일지 모르는 집에서 자고 일어난 느낌을 아니까. 마지막으로 나오는 「우리는 어디까지일까」에서 첫 문장 "역시 전화를 받지 말았어야 했다."도 나의 흥미를 끌기에 충분했다. 사촌동생 기택이의 전화였고, 위암으로 돌아가신 큰아버지가 좋아했던 술을 기택이가 똑같이 닮아 위암 말기에 술을 사서 집에 온다는 전화였다. 마지막에 주인공은 기택이에게 "술을 왜 그렇게 마셔? 술이 그렇게 좋아?" 하고 물어본다. 기택은 "눈을 못 감겄어. 눈만 감으면 있잖애. 온 시상이 시커먼디, 시커먼 것이 똑 목을 졸르는 것맹키여. 무서서 눈을 못 감겄어. 술을 마시면 나도 모르게 잠을 잧게. 무서서, 잘라고 마시는 것이여."라고 말한다. 이해된다. 나도 매일 술을 마신다. 편하게 자고 싶어서. 그냥 자고 싶어서 나도 그런다. 이 책은 몇 년에 걸쳐 발표했던 소설을 하나의 소설집으로 만들었고, 나는 모든 내용이 재미있었다. 책 맨 마지막에 있는 작가의 말에서 정지아 작가는 "…옳은 건 없다. 모르겠다." 이렇게 한 줄 작성되어 있는 것도 난 무척이나 인상적이었다.

2022. 11. 14.

긍게 사램이제

『아버지의 해방일지』 / 정지아

　"아버지가 죽었다. 전봇대에 머리를 박고."라고 시작하는 이 책은 처음에 점심시간 도시락을 먹고 산책을 나오면서 늘 듣는 라디오에서 갑자기 나오는 광고를 통해서 알게 되었다. 너무나 강렬한 첫 문장에 나는 너무 흥미로웠고, 왜 아버지가 전봇대에 머리를 박고 죽었는지 너무 궁금했다. 그래서 알게 된 책으로 회사에 있는 전문도서관에 검색을 해보니, 소장되지 않아서 희망도서 신청하여 읽을 수 있었다. 이 책은 "그게 나의 아버지, 빨치산이 아닌, 빨갱이도 아닌, 나의 아버지."의 마지막 문장으로 끝난다. 묘하게도 처음과 끝을 연결하면 "아버지가 죽었다. 전봇대에 머리를 박고, 그게 나의 아버지, 빨치산이 아닌, 빨갱이도 아닌, 나의 아버지."가 된다. 그렇다. 이 책의 작가는 빨치산의 딸로도 유명한 작가 정지아다. 빨치산의 딸 또는 빨갱이의 딸로 온갖 사회적 시선으로 힘들었던 작가의 마음이 고스란히 보이는 묘한 문장처럼 나에게는 느껴졌다. 그래서 책을 읽는 동안 그렇게 나도 그 시절을 공감했나 보다. 처음에는 작가의 부모님이 돌아가시고 장례식을 치르는 이야기를 작품으로 썼나보다 했는데 앞 표지에 떡하니 '정지아 장편소설'이라고 되어 있었다. 그러고 보니 주인공 이름이 고아리였다. 난 작품을 읽으면서, 주인공의 이름인 고아리를 눈으로 읽으면서도, 나의 뇌는 그 이름을 정지아로 인지했다는 사실이 놀라웠다. 아버지의 죽음과 장례식을 치르고 화장을 해서 어느 곳에 모시는 것이 아닌 아버지의 바람에 따라 '암 디나 뿌리삐는' 과정을 아버지와 가족의 옛일들을 회상하면서 써 내려간 이 소설의 내용이 짧은 영화 한 편을 후다닥 보는 듯했다. 그것도 웃다가 울다가 하면서. 아버지의 한 마디 한 마디는 정말 감동이었다. 그러고 보니 어쩌면 주인공은 아버지가 아닌가 싶다. 하여간 '이름 따위는 상상조차 되지 않는 딱 벌어진 어깨에 소도 때려잡을 듯 강건한 육체를 지닌, 그러니까 혁명전사의 딸에 참으로 걸맞은 육체의 소유자였던' 소설 속 화자 아리에게 어머니가 미스코리아에 나가보면 좋겠다는 말에 신문을 보던 아버지가 큰소리로 혀를 차며 "쯧! 자네는 어린애한테 사기를 치고 그러나!"해서, 아리가 어느 정도인지 묻는 물음에 "쯧! 하의 상은 되겠다."며 그렇게 딸의 가슴에 대못을 박는 말도 스스럼없이 하는, "그거사 니 사정이제, 나가 머라고 했간디."라고 천

연덕스럽게 시치미를 떼는, 역시 아버지는 뼛속까지 혁명가였다. 그런 아버지에게 항상 사회주의의 기본인 유물론으로 당하는 어머니는 사회주의를 첫사랑, 여자도 공부를 할 수 있는 세상, 가난한 자도 인간 대접받는 세상에 불과했고, 그저 지나간 첫 남자가, 지나갔음으로 가장 그리운, 뭐 그런 것이라고 봐도 무방하게 생각한다는 것도 재미있었다. 한때 적이었던 사람들과 아무렇지 않게 어울려 살아가는 아버지가 했던 말, "긍게 사램이제." 사람이니 실수를 하고, 사람이니 배신을 하고, 사람이니 살인도 하고, 사람이니 용서도 한다고 말하는 부분도, "혁명가든 누구든 그렇겠구나."라고, 왠지 모르지만 나에겐 기억에 남는 말이었다. "민족이고 사상이고, 인심만 안 잃으면 난세에도 목심은 부지허는 것이여."라고 하는 부분도 공감이 되었다. 1989년 석방된 비전향 장기수가 아버지를 찾아와서 북한에 간다고 신청했다고 알려주면서 말하는데 "노동이… 노동이… 힘들어.", "나는 정말 노동이 싫어…. 노동이 무서워…." 부르주아 빨치산이 얕은 한숨을 내쉬는 장면을 상상하니 정말 웃기면서 슬프다. 이 말에 아버지는 또 이렇게 말한다. "저놈의 부르주아 근성은 머리가 희캐져도 뿌리가 안 뽑히그마이. 그런 놈이 멀라고 뽈갱이는 돼가꼬…." 국어사전에 찾아보니 있었다. '웃프다.' 딱이다. 보급투쟁을 나갔던 아버지가 살려준 순경이 나중에 찾아와서 왜 그때 살려줬고 왜 포섭을 안 했는지 물을 때 방 안에 있던 아리는 화장실에 가고 싶었으나, 오줌을 참으면서 둘의 이야기를 듣는 장면도 재미있었다. 왜 은혜를 갚지 못하게 했냐고 따져 묻는 그를 아리는 이해하지 못하고 문을 열고 나가 집 뒤란에 있는 화장실로 가는 모퉁이를 돌아설 때 아버지가 말한다. "그것은 신념이 아니요. 사람의 도리제." 아버지의 말은 언제나 멋지다. 그러나 희한하게도 작가는 이런 아버지의 멋짐을 오줌을 참으면서 들어야 하는 상황으로 승화시킨다. 오줌 참을 만큼 멋지다. 이런 부분에서 난 신념과 도리를 구별하지 못하는 아직도 어린아이 같다는 생각이 든다. 내 장인어른이 돌아가시고 내가 상주로 장례식장을 지키고 있을 때 비슷한 느낌을 받았던 부분이 이 책에서도 표현되어 있었다. 출입문에서 "또 올라네." 하면서 나가시는. 화자는 이렇게 말한다. "여기 사람들은 자꾸만 또 온다고 한다. 한 번만 와도 되는데. 한 번으로는 끝내지지 않는 마음이겠지. 미움이든 우정이든 은혜든, 질기고 질긴 마음들이, 얽히고설켜 끊어지지 않는 그 마음들이, 나는 무겁고, 무섭고, 그리고 부러웠다." 어찌 이리도 잘 표현하였을까. 내 맘속에 얽히고설켜, 난 어떻게도 표현해 내지도 못하는 말들이었는데, 이 글을 읽으면서 나도 모르게 내 눈에서 다시 눈물이 나왔다. 그렇게 아버지를 욕하던 작은 아버지가 어릴 적 가출을 시도하는 아리를 데려가면서 했던 말도 아련하다. "한 등에 두 짐 못 지는 법인디…." 자기 등에도 평생 얹혀 있었을 두 짐을. 우리 모두 뒤돌아보면 한 짐이 아니라 다들 내릴 수 없는 두 짐을 지고 사는 건 아닐까. 이 책에서 내가 느끼는 최고의 단어가 하나 있었다. '항꾼에' 사전에 찾아보면 '함께, 같이'라는 전라도 사투리로 되어 있다. "셋은 항꾼에 담배를 피웠다. 항꾼에, 라는 말이 두고두고 참 좋았다."라고 말하는 작가는 아마 이 책의 모든 것을 말하는 것이 아니었을까 싶다. 이 책에 등장하는 혁명가, 빨갱이, 빨치산, 극우세력, 그리고 사랑과 미움 등 모든 감정들은 항꾼에 이 세상에 있는 것이라고 말하는 것은 아닐까 나는 생각한다. 항꾼에 같이 살고 있는 여기를.

2022. 11. 30.

책 한 권 읽으면서

선의가 꼭 좋은 결과를
보장하지 않았다

『튜브』/ 손원평

　오랜만에 작가 '손원평'의 소설을 읽었다. 제목이 『튜브』고, 책 표지가 푸른 바다로 다이빙하는 모습의 빨간 수영복의 남자가 인상적이었다. 난 푸근하게 보였지만 내용은 첫 장부터 자살을 시도하는 주인공 김성곤 안드레아가 나온다. 물론 2년 전에도 강 위에서 자살을 결심할 정도의, 우리가 짐작해 볼 수 있는 무언가 완전히 실패한 느낌의 주인공이었다. 그 주인공 김성곤의 이름도 김성공을 잘못 타이핑하면 나오는 김성곤이 아니었을까 싶은 느낌이 들었다. 실패를 했지만 어떤 계기로 혹은 가장 어렵다는 자기의 가벼운 정말 지푸라기 같은 변화를 계기로 다시 정신을 차리고 성공을 하는 듯하다가 다시 나락으로 떨어지는 과정을 거쳐 결국 소설의 마지막은 다시 일어서려고 노력하는 부분으로 마무리된다. 어찌 보면 그냥 그런 소설들 중에서 흔히 볼 수 있는 이야기같이 보였고, 이 소설을 읽으면서도 '내가 어떻게 독후감을 작성해야 하나?' 하고 아직 다 읽기도 전에 '아 힘들겠구나.' 걱정스럽게 생각했다. 그런데 이렇게 막상 글을 작성하다 보니 또 실없이 그냥 글이 막 나온다. 어쩌나 '이론!'(이 말은 개인적으로, 일상적으로 자주 사용하는 탄식 같은 말이다. 정확하게는 '이런'이라는 말인데 나는 '이론'이라고 말하는 것을 고집하고 있다. 오타가 아닌 나만의 표현방식이라고 생각해 주시길 빈다. '제길'이라는 탄식의 말과도 비슷한 느낌이다.) 분명 주인공은 여러 가지 힘든 시간을 지나온 사람인데 난 사실 그렇게 보이지 않았다. 하는 사업마다 망한 그래서 다시 일어서기 힘들어 보인다면서 배달일을 시작하기는 결코 쉽지 않을 것이다. 사장을 하다가 추락하여 배달을 하기란, 추락한 날개를 가진 새가 그대로 날개를 가지고 걷거나 뛰고 있는 것처럼 느껴졌기 때문이다. 어찌 되었든 난 이 책을 읽는 내내 감정이 복잡했다. 재미있나? 아니면 그냥 너무 평범한가? 뭐 그런 느낌이 왔다 갔다 했다. 한때 김성곤 안드레아가 자기 가게에서 은따 또는 아싸인 직원 진석이를 대변하면서, 그의 동료직원들에게 일갈하는 부분은 인상적이다. "너흰 뭐든 뭉뚱그려 한 단어 안에 욱여넣고, 심판하고, 그저 증오로 가득한 이상한 줄임말이나 찍찍 갈겨쓰지. 아무 때나 꼰대 꼰대 하면서 정작 그게 제일 꼰대 같은 짓인 줄도 모르고."라고, 이 글을 읽으면서 제일 속 시원하게 느꼈다. 물론 결과론적으로는 선의가 꼭 좋은 결과를 보장하지 않았다. 그 동료들은 그다음 날부터 나오지 않았고 김성곤의 가게는 정리되었다. 소설 중간 부분에 칭찬을 말하는 부분이 나온다. "성공적인 칭찬을 수행하기 위해선 붙임성과 순발력이 엄청나게 뛰어나야 했다. 호의로 가득 찬 마음 위에 올라서 칭찬이라는 공을 꽉 쥐고 있다가 대화 중의 적절한 빈공간에 재빨리 던져 넣어야 했다. 실로 엄청난 기술이었다. 가장 큰 난관은, 칭찬이란 상대의 평가를 통과해야 비로소 진정한 칭찬으로 결론 난다는 점이었다. 의도야 어쨌건 간에 상대가 칭찬으로 받아들여야 비로소 칭찬이 되는 귀찮고 까다로운 절차. 그러잖아도 지겹도록 남의 평가에 시달리는 인생에 그런 기술까지 갖춰야 하나" 동의하고 공감한다. 칭찬은 고래도 춤추게 하지만, 사람을 돌아버리게도 할 수 있다. 그래서 양날의 검이 될 수 있다. 살다 보면 자기 주변에 따뜻한 사람이 한 명이라도 있다면 정말 행운이라고 생각한다. 주인공 김성곤 안드레아는 주변에 학원버스를 운전하는 박실영을 만나서 좋은 말을 들었던 것이 행운일 것이다. 주인공에게 알려주는 자기 습관으로 그냥 잘 느끼라고 말한다. 너무나 흔한 말인데 그렇게 하지 못하는 것이 아닐까? 그냥 잘 느끼기. 그리고 말한다. "생각의 스위치를 끄고 세상을 그대로 바라보세요. 우린 항상 무언가를 판단하느라 에너지도 감정도 너무 많이 쓰고 있잖습니까. 그러다 보면 자꾸만 소모적인 생각이 날아들고 세상을 그대로 바로 보거나 이해하지 못하게 돼요. 생각이란 건 자신만의 선글라스 같은 거니까요. 그러니까 생각의 스위치부터 꺼야 하죠. 그다음은 쉽습니다. 낙엽은 낙엽으로 보고 전봇대는 전봇대로 보는 겁니다. 빨간 건 빨갛게 노란 건 노랗게 받아들이면 되죠. … 주의할 점이 있어요. … 정말 보이는 그대로, 눈에 보이는 그대로 느껴야 해요. 그러면 신기한 일이 벌어지기 시작하죠. 온 세상이 신기한 것투성이이고 예쁜 것투성이라는 걸 알게 되는 거예요." 나에게도 중요한 말로 가슴에 느껴졌다. 난 과연 그렇게 보고 있는지. 그렇게 보고 있는 척하고 있는지 모르겠다. 나중에 박실영은 말한다. 사람은 자꾸 원래대로 돌아가려는 성질이 있다고, 돌보다 더 단단하고 완고한 게 사람이라고. 바뀌었다고 생각한 그 순간 원래 모습대로 되돌아가게 돼 있다고. 그래서 무섭다. 그런 게 무섭다. 난 변하지 않고 그냥 내가 가지고 있는 좋은 것만 가지고 나머지 인생을 살면 안 될까 싶다. 될 수 있으면 나쁜 건 좀 덜하고 좋은 건 더 활용해서 말이다.

2022. 12. 17.

책 한 권 읽으면서

코레아 후라

『하얼빈』 / 김훈

　2023년 1월 5일 오랜만에 아내와 영화를 봤다. 언제부터 꼭 보고 싶어서 모처럼 기회가 되어 평일 예약했다. 그렇게 보러 간 영화는 '영웅'이라는 뮤지컬영화로 안중근 의사를 이야기하는 영화이다. 첫 장면에 눈 내린 하얀 벌판에서 노래를 부르면서 시작하는데, 난 시작하는 그 장면으로도 벌써 눈물이 글썽거렸다. "조국이 대체 우리에게 무엇입니까?"라고 주인공이 묻는데 왜 나는 대답하지 못하는 것일까? 영화를 보기 전에 이미 난 김훈 장편소설 『하얼빈』을 읽고 있었고, 이미 '도마'이자, '안응칠'이자, '안중근'의 이야기를 읽고 있다 보니 더 가슴이 먹먹했던 것이 아닌가 싶다. 영화를 보는 내내 옆에 앉아 있는 아내 몰래 눈물을 닦았는데 나중에 보니 옆에 있던 아내도 울고 있었다. 다행이다. 나만 울지 않아서 덜 부끄러웠다. 그런데 남자가 우는 것이 부끄러울 일인가. 슬프면 울고 눈물 흘리는 게 당연하지 않을까? 그런 감정을 남에게 보이기 싫어하고 심지어 부끄러워해야 하는 건가 싶다. 이 소설은 대한제국 황태자 이은이 도쿄의 황궁에 일본 제국 천황 메이지를 접견하는 부분부터 시작하는데, 메이지는 첫 접견이므로 범하지 못할 만큼의 위엄이 필요하다 생각하는 신하들의 중론으로 군복을 입으면서 생각한다. 두려움은 못 느끼듯이 해야만 흠뻑 젖게 할 수 있을 것이었다고, 여기에서 난 싸늘해졌다. 맞다. 무섭다. 이런 생각이 더 무섭다. 누군가 말했던가 "악마는 디테일에 있다."고, 난 내가 울고 있다는 것을 알고 있는 아내 옆에서 울지 않고 있다는 것을 숨기는 것으로 내 감정이 더 표현되었던 건 아닐까? 영화를 보면서 이 책에서 나오는 장면과 계속 오버랩되었고, 그리고 다시 책으로 돌아와서도 영화가 종이 위에서 보여지는 것 같았다. 사실 이 책도 라디오 북카페에서 소개되어서 알게 되었고, 딱 좋은 목소리의 진행자의 딱 흥미가 느껴지는 그 부분을 읽어주는 바람에 읽게 되었지만, 첫 장에서부터 느껴지는 비굴한 감정이 아 분명 나는 다시 상기해야 하는 역사를 이렇게 이야기로 읽게 되는구나 하고 느꼈다. 이토가 순종과 함께 기차를 타고 도쿄로 갈 때, 바다를 본 적이 없었다는 내용도 "여기가 물 건너 세상이로구나. 여기에도 왕이 있고 사람들이 짐을 끄는구나." 말하는 내용에서도 무엇인지 모르는 짠한 마음이 전해졌다. 안중근이 빌렘을 찾아가서 블라디보스

책 한 권 읽으면서

토크로 가겠다고 인사하러 가니 빌렘이 안중근을 붙잡을 수 없다는 것을 알고는 이렇게 말하려다 하지 않는다. '도마야, 악으로 악을 무찌른 자리에는 악이 남는다. 이 말이 너무 어려우냐? 네가 스스로 알게 될 때는 이미 너무 늦은 터이므로 나는 그것을 염려한다.' 물론 작가의 생각을 표현한 부분이지만 난 화가 났다. 만약 너희 나라, 너의 조국에서 너의 상황이라면 과연 지금 행하는 일들이 악의 행동이라고 할 수 있는 것인가. 영화 '영웅'에서 가장 인상 깊었던 노래의 가사가 생각났다. '누가 죄인인가?' 과연 누가 죄인인가! 그렇게 안중근은 떠났다. 안중근은 블라디보스토크에서 만난 우덕순에게 이토가 하얼빈에 온다는 말을 하고, 우덕순이 같이 하얼빈에 가기로 하면서 묻는다. "총알 세 발은 너무 적지 않겠나." 우덕순이 말한다. "세 발은 많지 않지만, 적지도 않다. 세 발이면 적당하다. 이토는 경호원을 여럿 데리고 있을 테니까 아마도 나는 세 발 이상은 쏘지 못할 것이다. 근접할 수만 있다면 세 발 이상은 필요 없다. 경호원이 많아도 먼저 쏘는 자를 당하지는 못한다. 그것이 총이다." 이 말에 확신을 느낄 수 있었다. 드디어 1909. 10. 26. 이토의 열차는 아홉 시 십 분에 하얼빈 역에 도착했다. "이토가 객차에서 내렸다. '저것이 이토로구나….저 작고 괴죄죄한 늙은이가… 저 오종종한 것이….' 안중근은 러시아 군인들 틈새로 조준선을 열었다. 러시아인들 틈새로 이토가 보였다. 조준선 위에 올라와 있었다. 오른손 검지손가락 둘째 마디가 방아쇠를 직후방으로 당겼다. 손가락은 저절로 움직였다. 비틀거리며 쓰러지는 이토의 모습이 꿈속처럼 보였다. 안중근은 생각한다. '나는 이토를 본 적이 없다⋯. 저것이 이토가 아닐 수도 있다⋯.' 안중근은 다시 조준했다. 이토 주변에 서 있던 일본인 3명이 비틀거리며 쓰러졌다. 러시아 헌병들이 안중근을 몸으로 덮쳤다. 안중근은 외쳤다. '코레아 후라' 안중근은 쓰러지면서 총을 떨어뜨렸다. 탄창 안에 쏘지 못한 한 발이 남아 있었다." 중간에 생략한 부분이 있지만 라디오에서 차분한 윤고은의 목소리로 여기까지 읽어주었는데, 난 숨이 멎을 것 같았고, 정신이 몽롱해졌다. 점심을 먹고 산책하던 순간이었는데 길에서 갑자기 멈추어 섰다. 사람들이 나를 어떻게 보든지 생각하지 않았다. 단지 내 생각과는 다르게 나의 몸이 그랬고, 난 당연하듯 그랬다. 참 대단하다. 마지막의 '코레아 후라'를 사실 잘 몰랐지만, 다시 돌아오는 산책길 내내 내 귀에 남았다. '코레아 후라' 책 후반부에 나온다. "안중근은 '후라'가 '만세'라는 뜻으로 세계 공통으로 쓰는 말이라고 진술했다. 미조부치는 위태로운 함정을 느꼈다. 안중근은 '코레아'라는 이름을 내걸고 이토를 쏘았고, 세계 공통어 '후라'로 만세를 외쳤다. ⋯(중략)⋯ 세계 공통어 '후라'는 말해지지 않은 많은 말을 내장하고 있었다." 난 '후라'가 이렇게 큰 의미였는지 몰랐다. 우리는 말 한마디에도 의미를 생각하고 이야기해야 한다고 생각하지만 잘되지 않는다. 그냥 머리에서 나오는 대로 말하는 경우가 많다. 난 반성해야 한다. 생각이라는 것을 먼저 하고 말하자고. 잡혀서 재판을 받기 위해 끌려온 법원에서 안중근의 생각을 작가는 이렇게 표현한다. "여기까지 오기는 왔구나. 여기서부터는 말을 붙일 수 없는 세상을 향해서 말을 해야 하는구

나. 여기서부터 다시 가려고 여기까지 왔구나. 여기서부터 사형장까지… 말을 하면서… 안중근은 몸에서 버둥거리는 말들을 느꼈다. 말들은 탄창 속으로 들어가서 발사되기를 기다리는 듯하다가 총 밖으로 나와서 긴 대열을 이루며 출렁거렸다. 말은 총을 끌고 가려 했고, 총은 말을 뿌리치려 했는데, 안중근은 마음속에서 말과 총이 끌어안고 우는 환영을 보았다. 법정에서 사형장까지 멀지 않았으나 말을 거느리고 거기까지 가기는 쉽지 않을 것이다."처음 글을 읽을 때 이게 무슨 말일까? 이해하지 못했는데 다시 읽는 내 눈에는 가슴이 먹먹해지는 글이 보였다. 작가는 이렇게 표현했구나. 난 왜 한 번에 알아보지 못했을까? 재판장 마나베와 안중근에 대화에서도 무겁게 느껴졌다. 안중근은 재판장에게 말한다. "나쁜 일을 한 것이 아니므로 도주할 생각은 없었다." 작가는 말한다. "질문이 답변을 누르지 못했다. 질문과 답변이 부딪쳐서 부서졌고, 사건의 내용을 일정한 방향으로 엮어나가지 못했다. 답변이 질문 위에 올라탈 기세였다. 피고인은 자신에게 불리한 진술을 힘주어 말했다. 진술은 유불리를 떠나 있었다."매번 작가의 표현이 놀라웠다. 어떻게 이런 표현을 할까 싶다. 재판장 미나베가 말한다. "유리한 증거가 있으면 말하라." 안중근이 말했다. "없다." 사형선고를 받고 사흘 후에 안중근은 항소를 포기했다. 항소는 쓸데없는 짓이 될 것임을 알았다. 작가는 말한다. "이 세상의 배운 자들이 구사하는 지배적 언어는 헛되고 또 헛되었지만 말쑥한 논리를 갖추어서 세상의 질서를 이루고 있었다."이 말은 현재에도 똑같이 적용되어지고 있다. 우리는 언제까지 그리고

있는 것일까? 아무래도 세상이 끝날 때까지 그러지 않을까 싶다. 빌렘이 강론을 쓰지 못하고 있으면서 생각하는 장면도 인상 깊다. "무엇을 말해야 하는지는 알 수 있었으나, 그것을 말해도 되는 것인지를 알 수가 없었다." 최근 내가 다니는 직장에서 노조 지부장이 되면서, 가끔 사람들 앞에서 말할 때 또는 침묵해야 할 때 나도 많이 느끼는 감정이다. 사형이 집행되는 날 사형장에서 구리하라 전옥이 안중근에게 묻는다. "할 말이 더 있는가?" 안중근은 "없다. 다만 동양 평화 만세를 세 번 부르게 해다오." 구리하라가 말했다. "허락하지 않는다." 그것마저도 허락하지 않은 것이 못내 미웠다. 시신을 돌려달라고 요구하는 동생에게도 "불가하다." 하고 통보했다는 장면에서는 원통했다. 지금도 찾지 못한 안중근의 유골을 우리는 알아야 하고 꼭 기억해야 한다. 마지막으로 작가는 말한다. "한국 청년 안중근은 그 시대 전체의 대세를 이루었던 세계사적 규모의 폭력과 야만성에 홀로 맞서 있었다. 그의 대의는 동양 평화였고, 그가 확보한 물리력은 권총 한 자루였다. 실탄 일곱 발이 쟁여진 탄창 한 개…. 그때 그는 서른한 살의 청춘이었다." 내 나이 반백 년, 난 지금 어떻게 살고 있는 것일까. 그래도 이런 분 때문에 우린 이렇게 잘 살고 있고, 후세들도 잘 살 수 있을 것이다. 너무 감사합니다.

2023. 1. 10.

책 한 권 읽으면서

택시요금으로
쓰입니다

『아무튼, 택시』 / 금정연

❝

작가 금정연은 서평가이지만 서평 아닌 글을 더 많이 쓰는 작가로 표현되어 있다. 처음 책을 받았을 때, 앗! 이럴 수가, 너무 귀엽고, 너무 앙증맞게 생긴 노오란, 진짜 샛노랑의 한 손에 딱 잡히는 작은 책이 배달된 봉투에서 나왔다. 어? 이게 뭐지? 이제까지 쉽게 접하던 규격의 책이 아니라서 그랬나, 첫인상이 귀여움 그 자체였는데, 앞표지도 영어로 택시를 표현했지만, 나는 바로 뒤표지를 보면서 웃음을 참을 수 없었다. 뒤표지에는 '인생이라면 이제 지긋지긋하니까…. 그런데 택시라면?'이라고 시작해서 'TAXI LOVER CHECKLIST'라고 있는데, 먼저, '택시가 있기 때문에 차를 사지 않는다고 주위에 말하고 다닌다.'와 '차를 사지 않았기 때문에 택시를 맘껏 타도 괜찮다고 생각한다.'라는 말에 혼자 빵 터졌다. 그 뒤로 나오는 리스트에도 물론 공감하지만, 예전에 나도 차가 없을 때 이렇게 생각했다는 점에서 너무 공감이 갔던 부분이었기 때문이다. '작가는 역시 작가구나.' 누구나 공감을 하도록 쉽게 말을 만들어 낸다는 것에 다시 부러웠다. 내가 대학생 시절에(1990년) 택시를 탄다는 것은 무슨 부자 아들만의 특권처럼 돈도 많이 들었고, 남들이 보면 "우와." 할 정도였다. 다들 버스를 기다리는데 "택시!" 하고 부르면서 지나가는 택시를 잡는 사람을 보면서 부럽게 쳐다보는 정도였으니 말이다. 난 대학생 시절 버스로 네 번째 정류장에서 내려 걸으면 되는 거리를 집에서 다녔지만, 가끔 주머니에 돈이 있거나, 늦은 시간 또는 정말 몸이 힘들 때면 택시를 탔다. 그러나 집 앞에서 내리면 아는 어른 눈에 보일까 봐 집에서 조금 떨어진 곳에 내려서 걸어오곤 했는데, 이 책을 보는 순간 그 많은 일들, 택시와 연관해서 일어났던 여러 일들이 빨리 지나가는 필름처럼 머릿속에 지나쳐 갔다. 가장 생각나는 일화는 대학생 시절 내가 연극동아리에 몸담고 있을 때 일이다. 택시를 타긴 탔는데, 주머니에 돈은 없고, 지폐처럼 생긴 연극초대권을 택시 운전기사님에게 사실 돈이 있는 줄 알고 탔는데 돈이 없다고 호소하면서, "대신 제가 출연하는 연극초대권을 대신 낼 수 있을까요?" 하고 최대한 슬픈 표정으로 말했을 때, 착한 택시 운전기사님이 "학생이 그럴 수 있지." 하면서 흔쾌히 받아주시면서 "꼭 보러 갈게." 웃으면서 말해주셨던 일화가 생각난다. 사실 그때 난 주머니에 돈이 없다는 것을 알고도 택시가 타고 싶어서 탔던 것이었다.(그때 알고도 모른 척해 주신 택시기사님 감사합니다.) 지금 생각해 보면 참 무모한 짓이었다는 것과 그때는 그런 운치도 있는 택시 운전기사님들이 있었다는 것만으로도 그 시절이 그립기도 하다. 작가는 이 책이 택시를 타는 일지를 작성하면서 택시에 대해 글을 쓰기 시작했다고 한다. 작가 금정연은 이 책을 쓰면서 참 좋은 말을 많이 소개한다. "그래, 이게 바로 어른이지! 언젠가 체스터튼은 이렇게 말했다. 어떤 것이 오로지 우아함을 위해 존재한다면, 우아하게 그것을 하든지 아니면 하지 마라. 어떤 것이 엄숙한 척하기 위해 존재한다면, 엄숙하게 그것을 하든지, 아니면 하지 마라. 어정쩡하게 한다면 아무 의미도 없을뿐더러, 심지어 거기엔 어떤 자유도 없다." 난 사실 몇 번을 읽어서 대충 알아들었지만 알고 보니, 아! 어른이구나. 『미생』이라는 만화책에서 나오는 어른에 대한 정의가 생각났다. "어른이 된다는 것은, 나 어른이요. 라고 떠든다고 되는 게 아니다. 꼭 해야 하는 건 할 줄 알아야 하는 게 어른이지." 난 둘 다 다른 것처럼 보여도 결국 같은 뜻으로 말하는 것이 아닌가 싶다. 또 작가는 소개한다. '피너츠(Peanuts)'의 한 장면으로, "누군가를 싫어하는 이유를 물어보는 건 괜찮지만, 누군가를 좋아하는 이유를 물어보는 건 안 돼. 왜냐하면 그게 더 어려우니까." 그게 작가는 피너츠를 좋아하는 이유라고 한다. 난 그 이유는 몰라도 그 말에 무척 공감한다. 좋아하는데 이유가 싫어하는데 이유에 대적이라도 할까? 또 어떤 남미의 저널리스트가 손에 가방을 들고 배의 트랩을 내려오는 작가에게 "삶과 죽음에 관한 당신의 개념은 무엇인가?"라고 질문한다. 그때 작가는 '그것은 바로 나 스스로에게 던지는 물음이오. 그리고 나 자신에게 질문하기 위해 글을 쓴다오.' 대답했다면서 '모든 사람이 자기의 호주머니나 가방 속에 우주에 관한 열쇠를 가지고 있지 않다.'라는 생각을 말한다. 난 슬그머니 웃었다. 난 그렇게 거창하게 생각도 못 하겠지만, 누군가 그렇게 물어오면 머릿속이 까매지고 아무런 말도 못 하면서 멍청하게 있었을 테니까. 나도 열쇠 따위는 없어! 아마 그 나라의 잔돈만이 주머니에 있을 거야. 짤랑짤랑. 책 마지막에 작가의 위트가 다시 한번 느껴졌다. "이 책의 인세 수익 대부분은 택시요금으로 쓰입니다." 마지막까지 아낌없이 독자를 위해 날리는 저 멋진 글. 아! 이 책의 가치는 그만큼의 가치를 하고 있구나 하고 심각하게 생각하게 되었다.

2023. 1. 18.

책 한 권 읽으면서